AF314290

IVᵉ ANNÉE

L'ART et le BEAU

Nº 2

DANTE·GABRIEL ROSSETTI

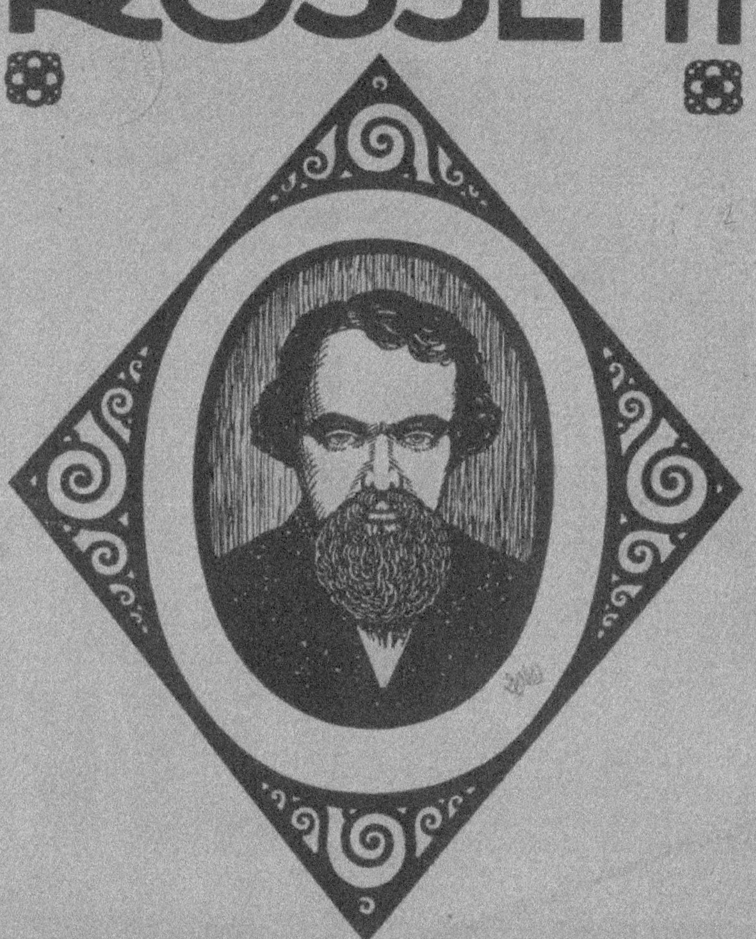

LIBRAIRIE·ARTISTIQUE & LITTÉRAIRE·65·RUE·DU·BAC·PARIS ∼ PRIX·NET 6 FRANCS

L'ART ET LE BEAU

QUATRIÈME ANNÉE

VOLUME II:
DANTE GABRIEL ROSSETTI

L'ART ET LE BEAU

Programme de la quatrième année:

CONSTANTIN GUYS. Texte de Georges Grappe
DANTE GABRIEL ROSSETTI. Texte de Arthur Symons
HODLER ET LES SUISSES. Texte de Rudolf Klein
FÉLICIEN ROPS. Texte de Gustave Kahn
L'ART JAPONNAIS. Texte de Laurence Binyon
AD. OBERLÄNDER ET MORITZ VON SCHWIND. Texte de
Rudolf Klein

Les numéros de l'Art et le Beau seront
livrés sous carton à la cuve au prix
de 6 frc., sous toile au prix de 8 frc.

Par abonnement à 3 numéros

le prix sera réduit à 5,50 et à 7,50 frc. le numéro

Par abonnement à 6 numéros

le prix sera réduit à 5,00 et à 7,00 frc. le numéro

Il sera imprimé, en outre, 100 exemplaires de chaque numéro
au prix de 25 frc.; le texte sur papier à la cuve, les dessins
sur papier de grand luxe, le toute relié en vrai parchemin.

DANTE GABRIEL ROSSETTI

DANTE GABRIEL ROSSETTI
PAR ARTHUR SYMONS

UN PLANCHE EN QUATRE COU-
LEURS, 29 DESSINS SUR PAPIER MAT
DE GRAND LUXE, 24 ILLUSTRA-
TIONS TEINTÉES ET 1 GRAVURE

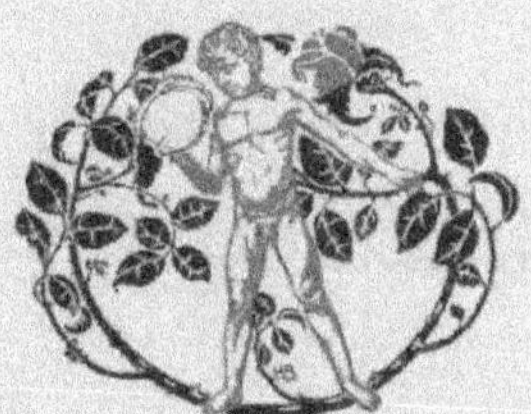

LIBRAIRIE ARTISTIQUE ET LITTÉRAIRE
65, RUE DU BAC, PARIS

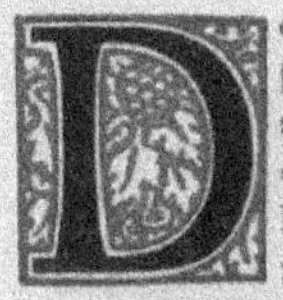

epuis Michel-Ange il n'y avait plus eu de peintre qui fût poète, ni de poète qui fût peintre, quand au cours du siècle qui vient de finir naquit Dante-Gabriel Rossetti, qui devait créer de la beauté sous ces deux espèces de l'Art. Il est impossible de parler de ses tableaux sans penser à ses poèmes, et dans ses poèmes nous voyons la charmante et parfois peu naturelle apparition des femmes qui languissent dans ses tableaux. Il était une âme divisée en deux parties harmonisant parfaitement entre elles et il avait décoré son „Palais de la Vie", suivant un mot très juste, avec la réalisation précise de ses rêves. Car les rêves sont précis; ce n'est qu'à l'état de veille, quand nous sommes sortis du domaine du songe, qu'ils deviennent vagues. Rossetti, avec toute sa vive intelligence pratique, n'a jamais été, à un certain point de vue, complètement éveillé, et n'était jamais sorti du Palais des Rêves, dans lequel il n'y avait de réel que les produits de son imagination. Dans la poésie de la plupart des poètes, dans la peinture de la plupart des peintres, il y a deux existences en général parfaitement distinctes l'une de l'autre: un monde réel et un monde imaginaire. L'âme de Rossetti, elle, ne connaît qu'un monde que l'artiste habite comme un prisonnier heureux de sa prison, ou comme un captif pour lequel le sentiment de la captivité est une jouissance. L'amour de la Beauté, l'amour de l'amour, puisqu'en somme l'amour est la suprême expression de la Beauté, suffit à une existence dont chaque minute est une crise, car d'après le mot de Pater, la vie de Rossetti est une crise de tous les instants, sa vie intérieure, bien entendu, sa vie imaginative, dans laquelle les sens sont des messagers du monde extérieur ne pouvant apporter que des messages inquiétants.

Enfermé dans ces limites étroites, mais avec une intensité extraordinaire, il a rendu dans ses oeuvres picturales ou poétiques un idéal, une obsession. Ce qui est véritablement le „Palais de l'Amour", il l'appelle le „Palais de la Vie", et cela, parceque pour lui le „Palais de l'Amour" était réellement le „Palais de la Vie." Il n'y a pas de mystique pour lequel l'amour n'ait pas été l'essence et la suprême expression de l'âme. L'oeuvre de Rossetti tout entier est une parabole de cette croyance, une parabole écrite avec le sang de ses veines. Il meurt d'avoir trop rêvé, d'avoir trop passionnément désiré la Beauté d'un désir qui littéralement lui enleva le sommeil, le poussa à vagabonder la nuit par les rues et finit par l'envelopper dans une atmosphère d'hallucinations saturée de stupéfiants. Il n'eut pas la force de chasser de son cerveau les hôtes qui étaient venus l'occuper comme des fantômes. Il en perdit tout sentiment de la technique, et sur sa toile surgirent des idoles peintes, au regard fatal, au geste de mort. Il avait dit de la Beauté: „Je l'absorbe comme l'air que je respire", mais il désira une beauté surhumaine, il travailla sans relâche à la créer au moyen de mots et de couleurs toujours rebelles, toujours trop vagues à son gré, alors qu'ils étaient la précision même; jamais il ne put arriver à la réalisation précise de son rêve; la poursuite de cet idéal devint un labeur et ce labeur une souffrance. Ce qui dans son oeuvre contribue à nous hypnotiser, c'est, sans aucun doute, ce sentiment de tragique personnel qui ressort de sa parfaite beauté: l'éternelle tragédie de tous ceux qui ont trop recherché l'absolu dans la Beauté et l'ont aimé d'un amour mortel. Au dix-neuvième siècle, comme du reste en tout autre siècle, il y a eu des peintres qui de parti-pris ont dirigé leurs regards en arrière ou à côté de la route tracée, détracteurs de leur époque, ennemis de la réalité, rêveurs qui se sont rassemblés dans quelque coin obscur de l'espace illimité. Poètes plutôt que peintres, le monde visible leur a paru trop étroit; l'un d'eux, Monticelli, a essayé de peindre en termes de musique; un autre, Rossetti, s'est efforcé littéralement de fixer sur la toile les mystères spirituels de la passion, tandis qu'un autre encore, Watts, recherchait la reproduction matérielle des grandes émotions et des imposants devoirs. Théodore Chassériau adhère quelque peu à cette école; Gustave Moreau, jusqu'à un certain point son élève, s'y rattache complètement, et dans ce groupe nous trouvons les noms de Puvis de Chavannes (avec quelque différence), de Siméon Solomon, de Burne-Jones, de Félicien Rops et d'Aubrey Beardsley. La plupart d'entre ces artistes n'ont pas eu de nature le don de la peinture dans toute son extension, mais ce qui leur manquait, ils l'ont presque toujours trouvé dans ce commerce avec un autre monde. En dehors de leur

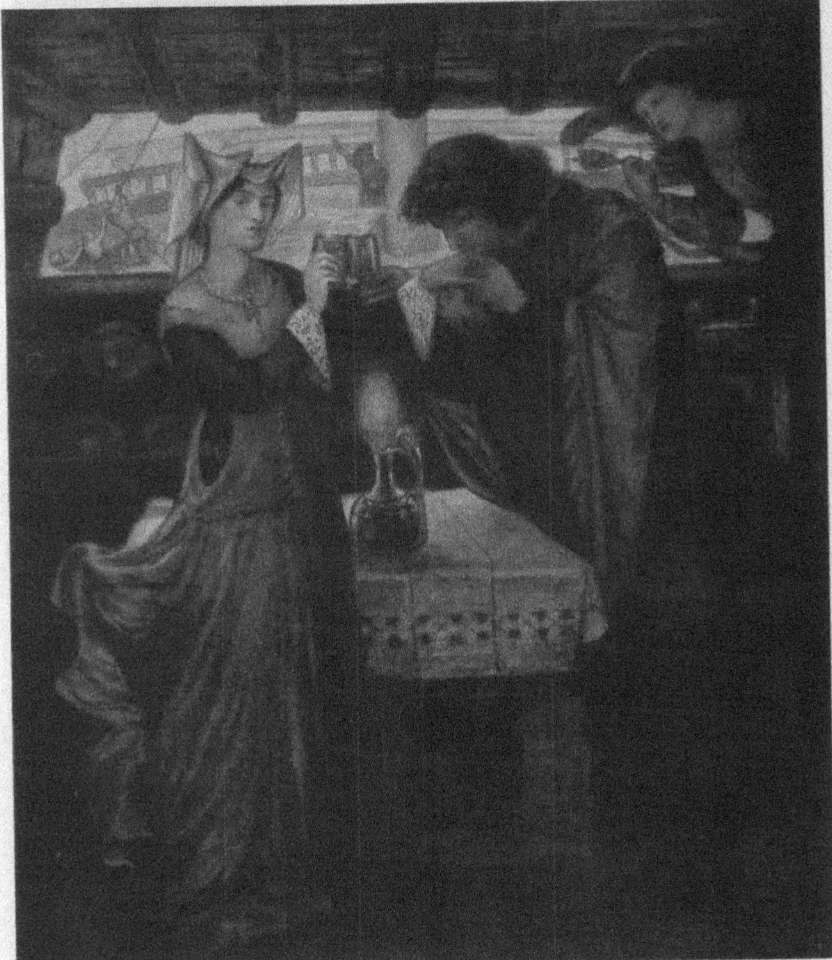

TRISTAN ET LA BELLE ISEULTE.   TRISTAN UND DIE SCHÖNE ISOLDE   SIR TRISTAN AND THE BELLE YSEULT

BY PERMISSION OF HOLLYER, LONDON

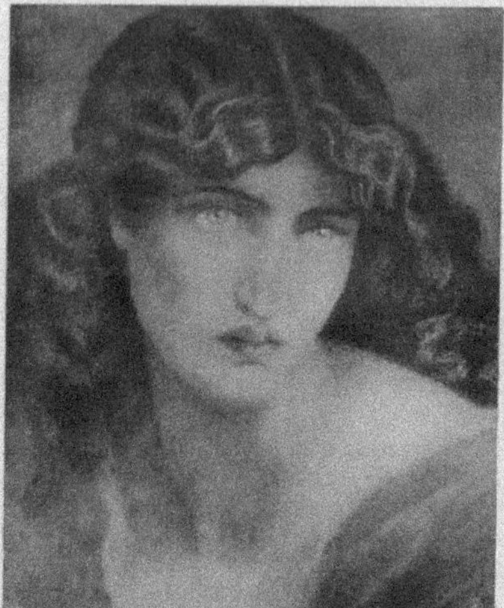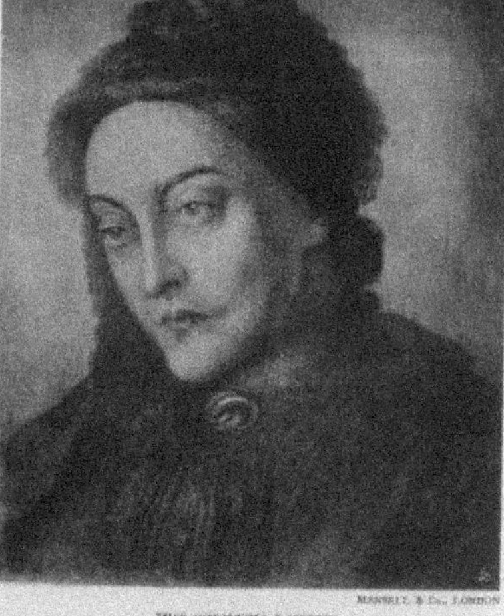

LE SALUT
DE BÉATRICE

BEGRÜSSUNG
BEATRICES

THE SALUTATION
OF BEATRICE

BY PERMISSION OF HOLLYER, LONDON

MISS CHRISTINA ROSSETTI

MANSELL & Co., LONDON

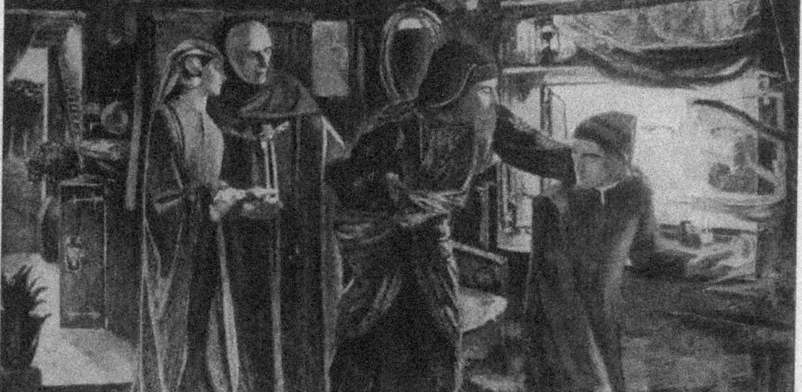

DANTE DESSINE UN ANGE
EN MÉMOIRE DE BÉATRICE

DANTE ZEICHNET EINEN ENGEL
ZUR ERINNERUNG AN BEATRICE

BY PERMISSION OF HOLLYER, LONDON

MANSELL & Co., LONDON

DANTE DRAWING AN ANGEL
IN MEMORY OF BEATRICE

peinture, tous tant qu'ils sont, ils ont d'autres intérêts qui attirent surtout ceux qui s'intéressent à la peinture pour des motifs étrangers à cet art. Le long de leur chemin les artistes de cette tendance érigent des idoles et s'inclinent devant le Prince de l'Ether. D'aucuns sont possédés d'un démon et excitent bien davantage la curiosité de leurs contemporains que ceux qui se contentent de peindre. Il est, du reste, plus facile de les discuter, plus amusant de s'occuper d'eux. L'un traduit sa propre peinture en sonnets, un autre compose une „Vision de l'Amour en Rêve" en prose mélodieuse, et Moreau vivra certes aussi longtemps dans les pages que lui a consacrées Huysmans que dans ses oeuvres picturales.

Dans cette compagnie, Rossetti s'est fait une place tout à part; il s'est formé à une école toute différente. Si la Confrérie Pré-Raphaélite remonte à Holman Hunt en passant par Madox Brown, c'est Rossetti qui lui donna l'impulsion, l'imagination, et qui lui infusa la vie. Au début, le mouvement fut une tentative de „purger l'art contemporain de tout ce qu'il renfermait de conventionnel" suivant l'expression de Holman Hunt; il prit naissance à l'occasion d'une réunion à l'atelier de Millais, où l'on en vint par hasard à feuilleter une collection de dessins d'après les fresques du Campo Santo. Ce fut comme une révélation pour ces artistes. La peinture pouvait donc être simple, vraie, romantique et naturelle! Le sens des initiales mystérieuses qui suivaient la signature de chacun des membres (P. R. B. pour Pre-Raphaelite Brotherhood) ne fut pas dévoilé au public. Ruskin, avec sa généreuse impulsion, prit la défense du mouvement contre la presse hostile, et c'est Ruskin encore qui longtemps après dit, en parlant de Rossetti: „Son nom devrait figurer en tête de la liste de ceux qui, à ma connaissance, ont rehaussé le niveau de l'Art moderne, qui ont changé son esprit et lui ont donné une direction toute nouvelle" Le but visé par les Pré-Raphaélites était la plus scrupuleuse exactitude dans la reproduction des belles choses, en un mot: la vérité naturelle. Mais encore, qu'est-ce que la vérité? Nous retrouvons exactement le même effort chez Holman Hunt et chez Manet, avec cette différence que le premier possède la profondeur sans essor des Hollandais, tandis que l'autre, confiant dans sa vue, reproduisait ce que la lumière lui faisait percevoir. Tous deux se livrèrent à la recherche de la vérité en première ligne; la beauté, si elle devait venir, passait au second plan. La beauté, de fait, ne devrait pas être le but suprême de l'artiste, qu'il en ait conscience ou non, mais son esprit devrait toujours être tourné vers le culte de la vérité. Et ce point est d'une importance toute particulière au début d'un mouvement. On n'a qu'à penser à Courbet en France et à Madox Brown en Angleterre. Tous deux léguèrent à leurs successeurs une base immuable comme le roc, sur laquelle ils purent établir leurs oeuvres. Madox Brown est attrayant surtout quand il est cru; il n'atteint que rarement les sommets dans les ouvrages qui, comme le délicat „Last of England" ressortissent uniquement de la beauté. Ses toiles renferment généralement un trait de gros humour; elles représentent souvent un incident violent et accusent une certaine singularité de dessin qui leur donne une valeur personnelle toute spéciale. Il est bien difficile de juger équitablement un peintre dont les caractéristiques sont l'obstination, le défi et le parti-pris, qui vous désappointe si souvent et qui jamais n'arrive à vous donner quelquechose de fini, mais qui néanmoins sait introduire dans ses scènes dramatiques une chaleur vivifiante rappelant de bien près la vigueur et la vitalité de Browning.

Rossetti et consorts ont appris de Madox Brown à saisir fortement la vie à ses moments critiques; c'est à lui qu'ils doivent l'idée de ne peindre que des tableaux qui renferment un sujet. Les Pré-Raphaélites étaient de grands illustrateurs, mais non de grands peintres; c'est dans leurs dessins, leurs gravures sur bois que nous les voyons sous leur plus bel aspect. Le pinceau à la main, ils nous font tous, à l'exception de Millais, l'effet d'enfants jouant avec les couleurs, ou de moines coloriant des vignettes au fond d'un cloître, ou encore de nonnes brodant une tapisserie en l'honneur de la Vierge. Jamais ils ne peignent de paysages, rien que des sujets. Madox Brown peint n'importe quoi, tout ce qui a des formes définies. Millais peint des anecdotes, Holman Hunt de petits livres de piété, Rossetti des poèmes romantiques, et Burne-Jones des légendes de ce même style. Malgré les merveilleuses

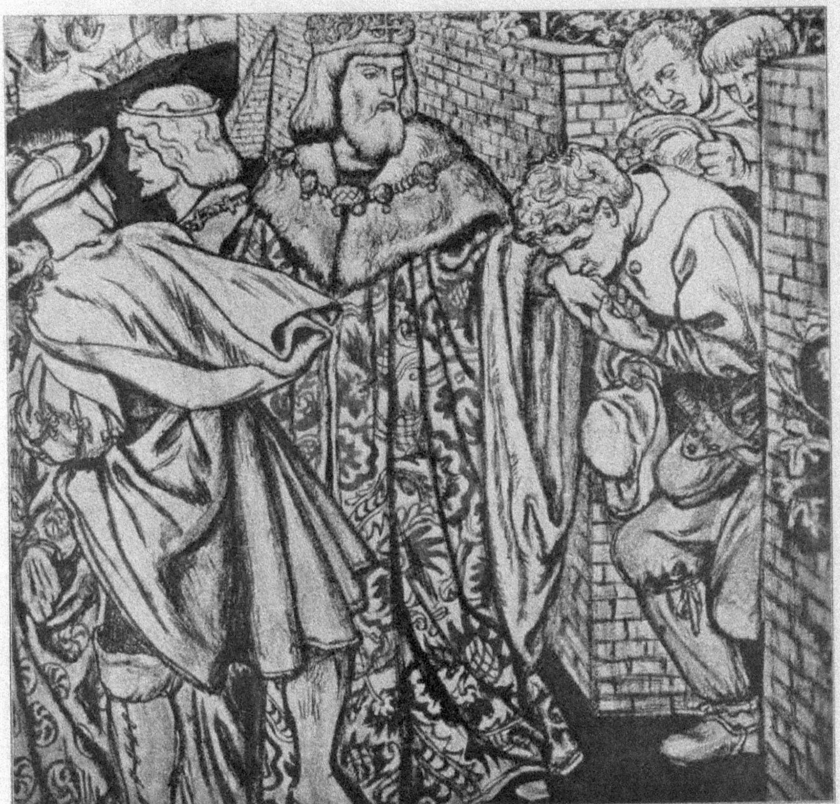

Mansell & Co., London

LA PARABOLE DE LA VIGNE   DAS GLEICHNIS VOM WEINBERG   THE PARABLE OF THE VINEYARD

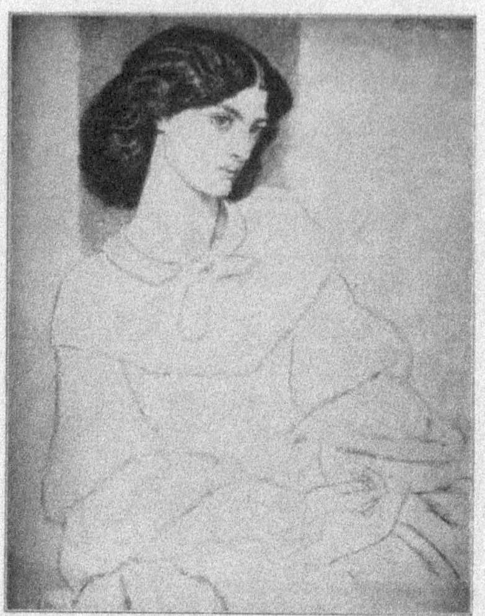

LA REINE GUINEVÈRE
KÖNIGIN GUINEVERE «
QUEEN GUINEVERE » «

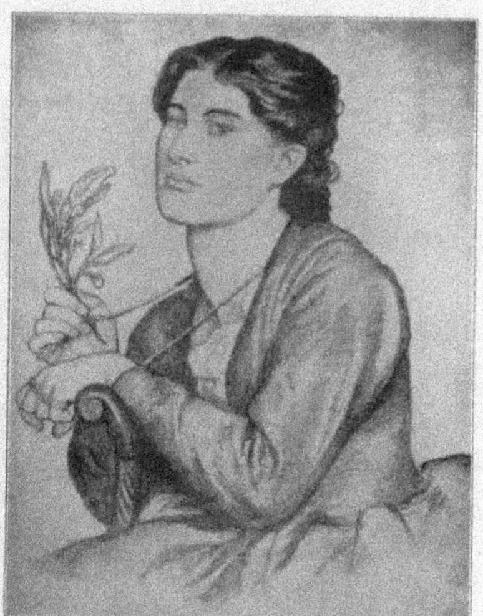

DESSIN DE LA SÉRIE DES »JEUNES FILLES ECOSSAISES«
ZEICHNUNG ZUR SERIE: SCHOTTISCHE MÄDCHEN » » »
SCOTCH GIRL SERIES « « « « « « « « « « « « « « « « «

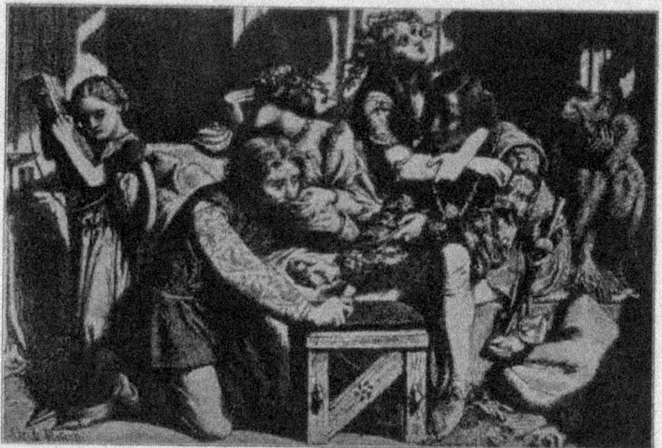

Mansell & Co., London

HESTERNA ROSA

By Permission of F. Hollyer, London

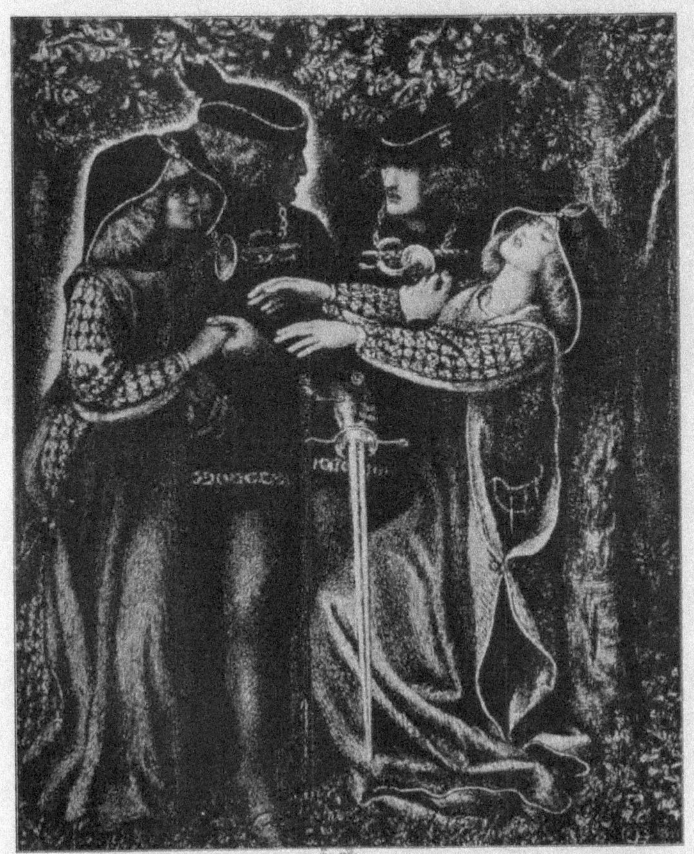

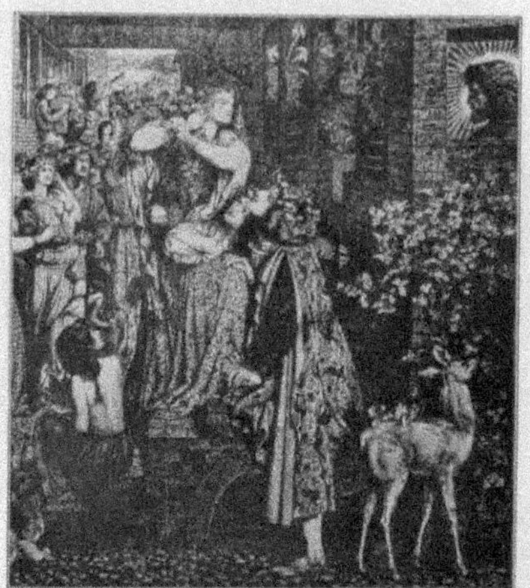

MARIE-MADELEINE À LA PORTE DE SIMON LE PHARISIEN * *
MARIA MAGDALENA AN DER TÜR SIMON DES PHARISÄERS *
MARY MAGDALENS AT THE DOOR OF SIMON THE PHARISEE

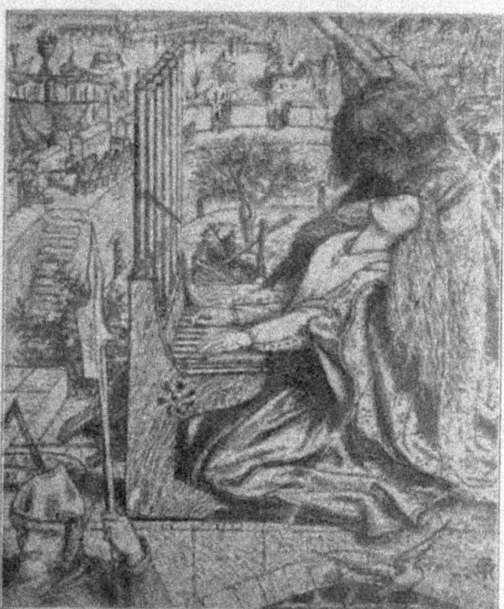

DESSIN POUR UN POÈME DE TENNYSON * * *
ZEICHNUNG ZU EINEM GEDICHT TENNYSONS
DESIGN FOR TENNYSON'S POEMS * * * * * *

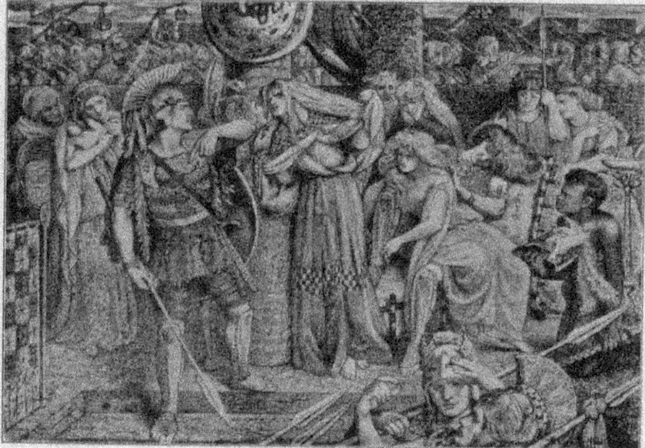

Mansell & Co., London

„CASSANDRA"

By Permission of F. Hollyer, London

et intéressantes productions qui de temps en temps naquirent de leur pinceau, malgré le superbe coloris de leurs bijoux, de leurs broderies et de leurs ornements, c'est dans la rudesse, la minutie et la fermeté de leurs gravures sur bois qu'ils se présentent le mieux à leur avantage. Cette différence était plus marquée chez Millais que chez les autres; cependant ses gravures sur bois sont à la hauteur de ses toiles, tandis que d'autres, comme Lawless et Pinwell, admirables dans leurs gravures, manquent de sûreté dans leurs peintures, passant inconsciemment, comme Pinwell par exemple, de la chaleur et de la délicatesse du „Mont-de-Piété Parisien" à la froideur et à la dureté du „Sweet Melancholy". Sandys aussi fut dans ses gravures un grand illustrateur, et ses tableaux sont ennuyeux, compliqués comme un modèle de tapisserie, d'une élégance factice et affectée. Rossetti lui-même nous séduit le plus par ses gravures sur bois, comme celle du Tennyson de 1857, représentant une femme au pied de la Croix; car c'est là qu'il s'est le plus appliqué à la ligne, et de là que ressort le mieux l'émotion du sujet. Holman Hunt aurait bien fait de s'adonner davantage à des travaux de ce genre; il existe de lui une ravissante gravure: le Germe. Et ce ne serait pas le moment ici de passer sous silence le grand dessinateur de cette époque, Charles Keen, qui nous a donné quelques merveilleux dessins pleins de beauté et d'une admirable vérité, tant au point de vue des physionomies que des détails. Et Burne-Jones lui-même! Bien que ses quelques gravures sur bois ne puissent être comparées aux oeuvres antérieures exécutées d'après Rossetti, sa „Sidonie", la „Belle Rosamonde" et son „Laus Veneris" témoignent d'une volupté ascétique qui lui est toute spéciale; et plutôt que de faire de l'art qui offrait tant de ressemblance avec la tapisserie, il s'adonna nettement à la tapisserie.

Un seul membre de la Confrérie, Holman Hunt, a persévéré jusqu'au bout dans la méthode de la Compagnie. A l'âge de 77 ans, il exposa pour la première fois un tableau: le Lady of Shalott, qu'il avait commencé un demi-siècle auparavant. La toile a certainement une valeur historique, car elle nous laisse un souvenir de cette période de Tennyson où le romantisme était encore circonscrit dans les limites

16

étroites d'une délicate précision. Le tableau est un survivant du passé;
dans son exécution, nulle trace de vieillesse, et cependant l'artiste a
77 ans! Sans aucun doute, c'est un survivant du passé, car le sentiment
qui anime la peinture est bien celui du poème de Tennyson dont il est
une illustration. Que tout cela paraît déjà loin de nous! Dans le poème
de Tennyson et dans le tableau de Holman Hunt nous retrouvons les
mêmes particularités: Peu d'imagination; de réalité, point, mais une
aimable fantaisie, un roman délicieusement colorié. Le roman, à
proprement parler, n'est ni une réalité ni une vision; il ne peut donc
représenter exactement ni la chose réelle, ni les créations de l'imagination.
C'est un compromis inventé pour notre plaisir, une sorte de jeu dans
lequel chaque objet, bien qu'établi conformément au modèle de la réalité,
est plus gracieux, plus engageant que la réalité elle même. Le poème
de Tennyson est comme un joli jouet; on l'écoute avec un plaisir
d'enfant. Le tableau aussi est un jouet, un jouet solennel pour grandes
personnes. Monsieur Hunt nous l'a présenté comme une Allégorie que
nous pouvons nous expliquer comme il nous convient. Le sens de
l'ouvrage, qu'il s'efforce de nous faire saisir dans sa prose, nous importe
peu; ce qui importe, c'est l'atmosphère de romantisme, ce sont les
détails romantiques: les lignes des cadres, le miroir, les panneaux, les
tissus avec leurs fils doux et chatoyants, les chevelures, les parures
en plumes de paon, les tapisseries le long des murs, les tapis sur le
sol. Le romantisme se retrouve dans toutes les lignes, dans toutes
les nuances; il est tissé dans les fils des tissus et s'enchevêtre dans
la masse désordonnée des cheveux, à travers lesquels l'or rouge du
cadre du miroir brille comme une guirlande de roses rouges. Dans le
visage uni, non modelé, il y a un genre de beauté que nous ne trouverons
jamais dans les visages des artistes qui ne connaissent pas le rêve.
Le rêve n'est pas entièrement rendu par la peinture; il en est séparé
mais perce cependant dans le tableau.

Pour juger cette toile dans laquelle la beauté du coloris se rencontre
avec tant de défectuosités de couleurs, dans laquelle maint détail jure
avec maint autre, dans laquelle le dessin lui-même qui a attendu
cinquante ans sa mise en couleurs, est supérieur à l'oeuvre achevée,

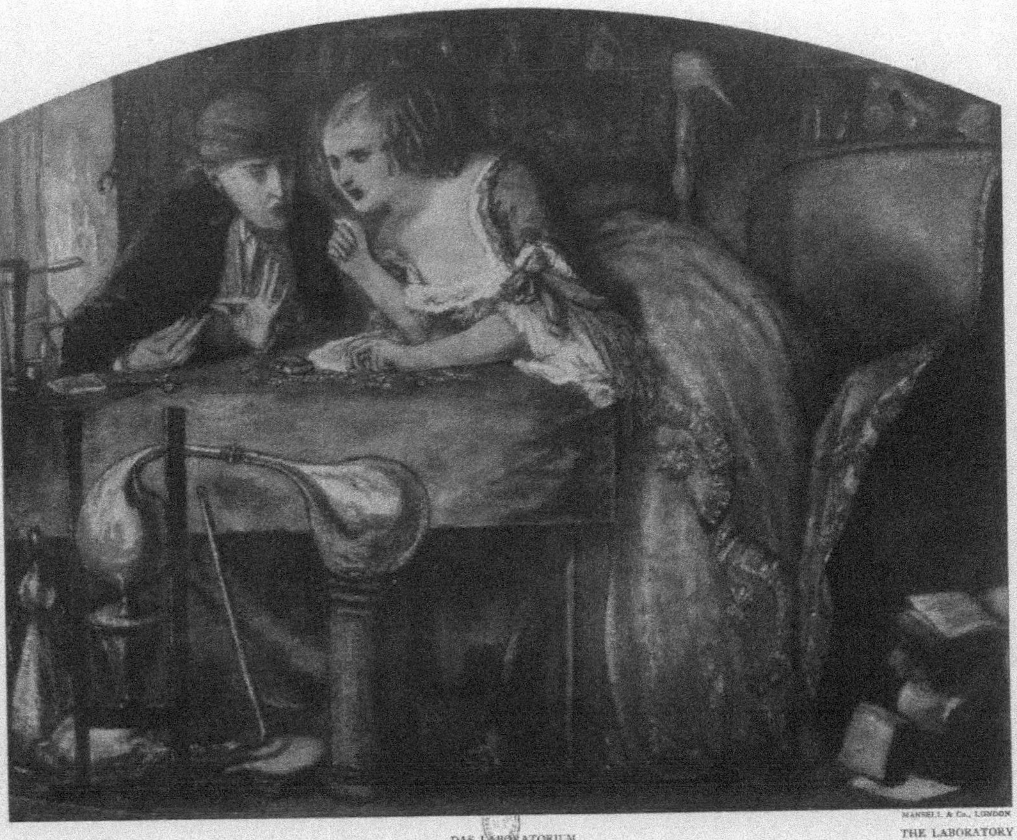

LE LABORATOIRE

DAS LABORATORIUM
BY PERMISSION OF HOLLYER, LONDON

MANSELL & Co., LONDON
THE LABORATORY

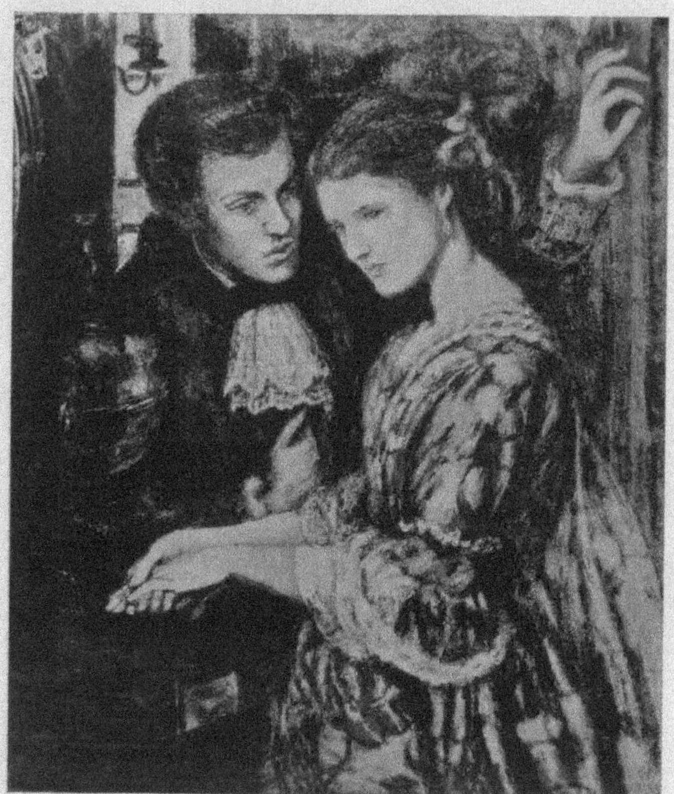

L'ABLUTION DES MAINS   DAS HÄNDEWASCHEN   WASHING HANDS

BY PERMISSION OF HOLLYER, LONDON

il ne faut pas perdre de vue qu'il ne s'agit pas d'une chambre réelle où le miroir refléchit un paysage, mais d'une chambre irréelle comme la réflexion de l'image elle-même, d'une chambre qui n'a existé que dans l'imagination de l'artiste. Ce ne sont pas des rayons de soleil réels qui dorent le bout des doigts de la femme quand elle se retourne de la glace vers la fenêtre donnant sur un monde de Rêves. La femme, ses atours, la fenêtre elle-même, ne sont que des fantaisies, des symboles romantiques, une réflexion dans une réflexion, un rêve dans un rêve. C'est une réunion de ce qui alors paraissait nouveau et qui aujourd'hui nous paraît bien étroit. Et si nous considérons un autre tableau de Holman Hunt exécuté d'après les mêmes principes mais dépourvu de tout romantisme, nous voyons à quel point de réalisme insignifiant peut mener cette méthode. Le „Réveil de la Conscience" est un ouvrage de piété plutôt qu'une oeuvre d'art et constitue une frappante illustration de ce qu'il y a de futile et de répulsif dans la tentative de faire d'un tableau une allégorie réaliste. Le réalisme, en effet, blesse la vue par la représentation minutieuse de ces objets d'intérieur que, malgré tout, l'oeil ne voit pas comme il devrait les percevoir dans la réalité. La fameuse réflexion du miroir elle-même n'est pas un effet franchement pictural comme la réflexion du miroir derrière le „Bar des Folies-Bergère" de Manet. Elle intrigue la vue, et il faut avoir recours au jugement pour lui assigner sa vraie place dans la chambre.

Réalisme et Symbolisme se combinent dans un morceau de musique pour piano en tête duquel nous pouvons lire „Souvent dans le Silence de la Nuit", ou bien „Larmes, vaines Larmes", aussi dans les joues écarlates du viveur, ainsi que dans chacun des détails inutilement accentués qui nous suggèrent l'idée de la „fausse position" de la femme. Tout n'est que texte, que sermon; on ne peut guère se tromper sur le sens, et ce sens se prête aussi peu à la peinture que la reproduction textuelle sur la toile des sentences d'un livre de piété. L'Ecole Pré-Raphaélite nous donna deux grands peintres: Millais et Rossetti. Millais, au point de vue technique, fut de beaucoup supérieur à Rossetti, mais il atteignit le succès par l'abandon graduel de l'Idéal qu'il avait puisé pour un temps dans les oeuvres de Rossetti. Ce n'est pas exagérer que de dire que Millais au début de sa carrière promettait bien plus que tout autre artiste contemporain. Dans la maîtrise de son pinceau il fut plus grand que Rossetti, que Holman Hunt, que Watts, que Whistler. Il possédait la prodigieuse vigueur du génie et peignait des tableaux parcequ'il était né pour peindre des tableaux. C'est dans son atelier que naquit la Confrérie des Pré-Raphaélites, dont il fut le membre le plus éminent. A l'âge de vingt-quatre ans il fut élu Associé de la Royal Academy, et à trente-quatre ans, membre permanent de cette assemblée. Jusqu'alors il avait produit chef-d'oeuvre sur chef-d'oeuvre, des toiles qui témoignaient de tempérament, de volonté, de noble intérêt pour l'Art. A partir de cette époque jusqu'à sa mort il continua de peindre, toujours brillamment, tout ce qui se présentait: Mr. Gladstone ou Cendrillon, un évêque ou un paysage! Il peignait tout cela avec la même facilité et le même manque de conviction; il reproduisait sans distinction tout ce qui pouvait lui procurer argent et renommée, et de propos délibéré il abandonna une carrière qui, avec un peu d'efforts, aurait fait de lui le plus grand peintre de son temps, pour en devenir, sans se fatiguer, le plus riche et le plus populaire.

L'Art, ne l'oublions pas, doit toujours être autocratique; il en a été ainsi depuis le temps où Michel-Ange dictait ses conditions aux Papes, jusqu'aux jours où Rossetti, par mépris de la vile multitude et de son ignorance, soustrayait ses toiles à tous les regrads. Tout artiste vraiment grand ne s'est jamais adressé qu'à une infime minorité; la gloire, quand elle venait, était une sorte d'accident du ciel, dans lequel la foule ne faisait que joindre le bruit de ses applaudissements peu recherchés au jugement éclairé d'une élite compétente. Millais seul, depuis les jours de ce premier enthousiasme qui fit de lui une sorte de phénomène pour ses compagnons à compréhension plus lente, s'adressa à la multitude. Il choisit ses sujets sans s'occuper de l'opinion des classes moyennes et peignit les portraits de ceux qui pouvaient payer la forte somme. Le succès de ses portraits de jolies femmes et de beaux enfants doit être attribué non à son talent d'exécution, en possession duquel il resta toujours, mais à son sentiment exquis qui

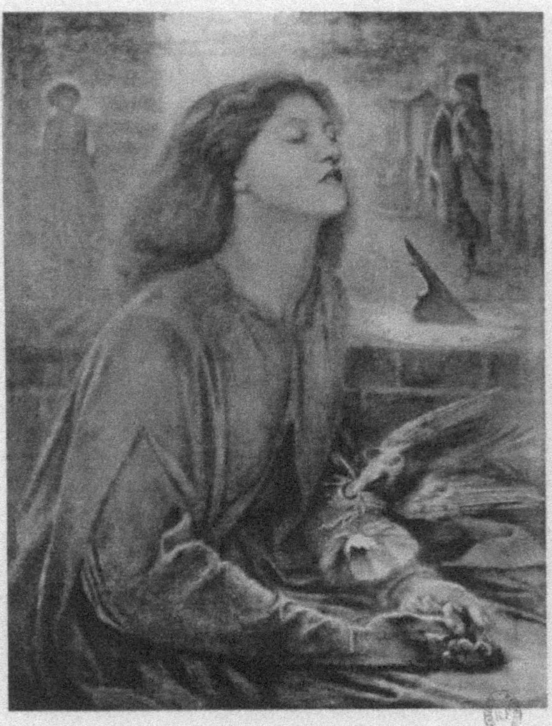

BEATA BEATRIX

BY PERMISSION OF HOLLYER, LONDON

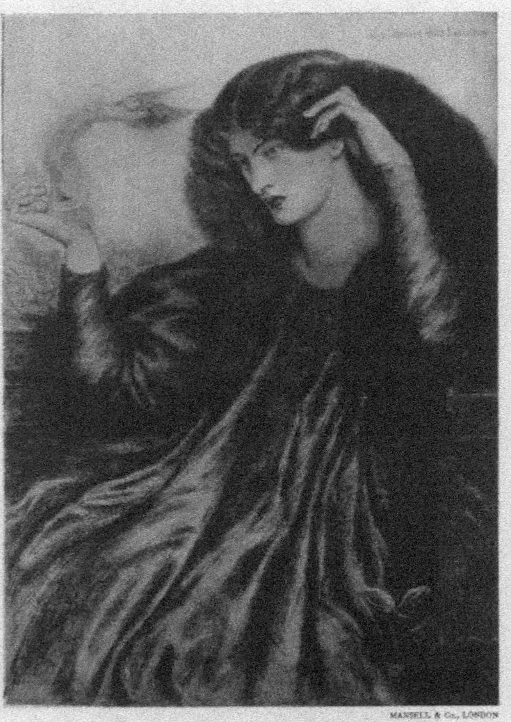

LA DONNA DELLA FIAMMA

MANSELL & Co., LONDON

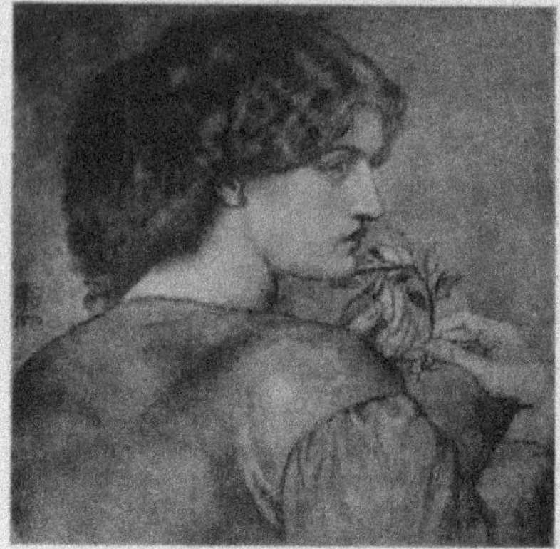 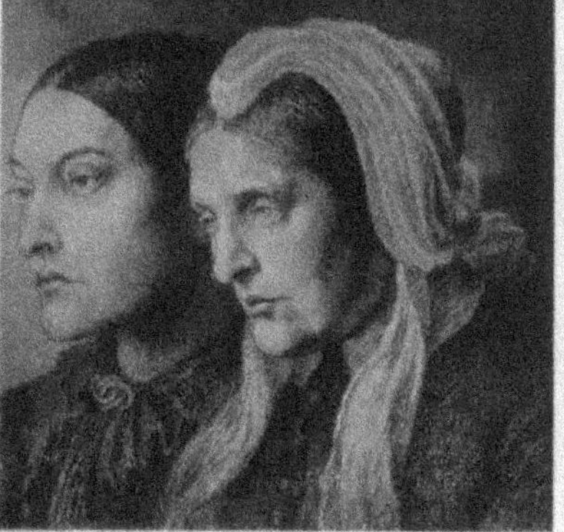

MANSELL & Co., LONDON

LA FEUILLE DE ROSE DAS ROSENBLATT   THE ROSELEAF   MRS. ROSSETTI UND MISS CHRISTINA ROSSETTI
BY PERMISSION OF HOLLYER, LONDON

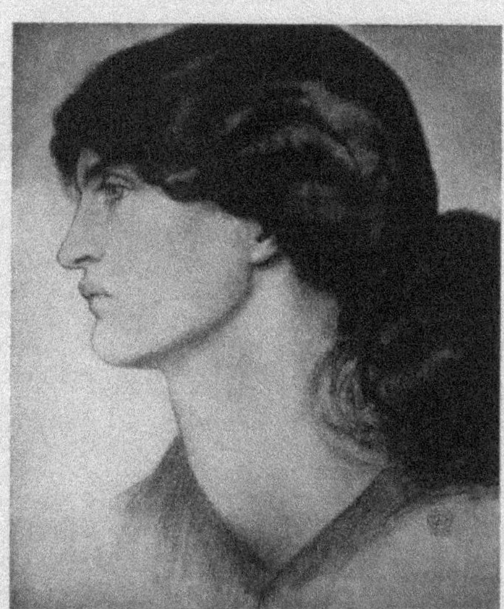

MANSELL & Co., LONDON

MRS. WILLIAM MORRIS
BY PERMISSION OF HOLLYER, LONDON

leur infusait la Beauté. Le mérite de ces innombrables ouvrages n'est pas toujours égal, car s'il travaillait souvent avec beaucoup de soin, souvent aussi il se négligeait fort. Sans doute, il fut toujours maître de la technique de son art; mais peu à peu ce fut une maîtrise sans émotion, sans imagination, sans passion intellectuelle, et privé de ces qualités, il n'y eut jamais d'artiste vraiment grand.

III

Emotion, imagination, passion intellectuelle, ces sont quelques-unes des qualités qui constituent la grandeur de Rossetti. Sa main, par contre, ne fut jamais la main d'un maître. Dans ses oeuvres poétiques, l'exécution fut toujours à la hauteur de l'inspiration; sa technique lui permit de représenter comme poète ce qu'il était incapable de représenter comme peintre, car il eut toujours l'ardent désir de rehausser l'effet de ses tableaux par une sorte de mystérieux courant poétique. Il introduisit de nouveaux rythmes dans la lanque anglaise en agitant des eaux devenues depuis longtemps stagnantes, et c'est dans l'extraordinaire subtilité de son rythme qui approchait le plus de la perfection quand il paraissait hésiter le plus, qu'il a produit les plus beaux effets d'émotion, effets qu'avant lui on ne rencontrait que rarement, et pour ainsi dire qu'accidentellement, dans la poésie anglaise. Sa science, sa perspicacité, son sens critique n'etaient pas moins remarquables. Son assertion que la poésie doit être „amusante", sa règle concernant la traduction de poésies, d'après laquelle „On ne doit jamais faire d'un beau poème un méchant ouvrage", ses plus rudes improvisations sont aussi justes et nous frappent autant que ses plus beaux vers. Coleridge seul, parmi les poètes anglais, fait preuve d'une vigueur analogue dans le domaine de la poésie. Et c'est précisément cette santé intellectuelle, cette foncière connaissance de son sujet qui assignent à Rossetti une place à part à la tête de ses contemporains.

Cette sûreté, cette technique instinctive ne lui coûtèrent aucun effort; mais la peinture est un art dont les sommets ne peuvent être atteints que par un labeur acharné et continu. Rossetti était trop négligent, trop sûr de son pouvoir, pour ne pas en faire à sa fantaisie.

Il n'avait reçu aucune éducation professionnelle, se contentant de traverser quelques ateliers, sans application, et n'avait retiré que peu de profit de ces visites. Une de ses premières et plus jolies toiles est le „Ecce Angela Domini", respirant un certain charme religieux dans la représentation de cette frêle et pâle vierge qui, jeune fille timide, se tourne vers l'Ange de l'Annonciation debout, tenant gravement le grand lys blanc, au pied de son lit. Mais l'examen plus approfondi de la peinture nous révèle la timidité de l'exécution. Le dessin est absolument ravissant; il ne lui manque que le fini de la couleur. Dans ses premières esquisses il y a cependant de grandes qualités de dessin réellement instinctives; dans quelques portraits au crayon, comme ceux de Miss Siddal et de Mrs. Morris, on trouve des traits qui font pressentir la délicate facture de Whistler. Et dans ces oeuvres de jeunesse il y en a bon nombre qui témoignent de cette puissance dramatique dans la représentation des scènes, de ce feu, de ce talent d'invention qui caractérisent les premiers débuts du grand peintre romantique: Delacroix.

Tous ceux à qui il a été donné d'admirer le cabinet de Watts-Dunton avec ses deux miroirs sont douloureusement surpris de constater combien sont rares ces oeuvres vraiment romantiques exécutées avec une telle vigueur de dessin et de coloris. La scène dans laquelle Méphistophelès ouvrant la porte de la prison apparaît subitement en pleine lumière, comme l'Ange d'une ténébreuse Annonciation, pour arracher son amant à la Gretchen damnée sans appel, est une de ces créations que l'oeil n'oubliera jamais. Il y a des années que nous ne l'avons vue, mais nous n'avons qu'à y penser pour la ramener claire et vivante devant nos yeux. D'autres panneaux exécutés avec moins de brio l'entourent, et deux miroirs circulaires sont accrochés aux murs richement décorés d'une rangée de belles têtes, parmi lesquelles celle de Mr. Swinburne.

Et pourtant, combien peu de ces esquisses furent converties en tableaux! Et c'est là peut-être la preuve la plus frappante du génie de Rossetti. Il y a, par exemple, un dessin intitulé „Trouvé" dont il avait l'intention de faire une peinture; mais après bien des essais, bien des échecs, il y renonça. Le dessin, un chef-d'oeuvre, reste et sert de

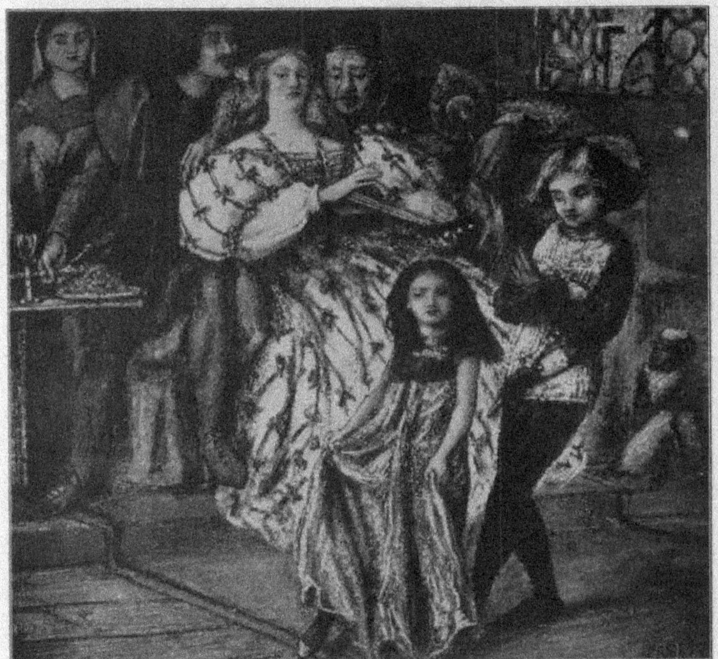

By Permission of F. Hollyer, London

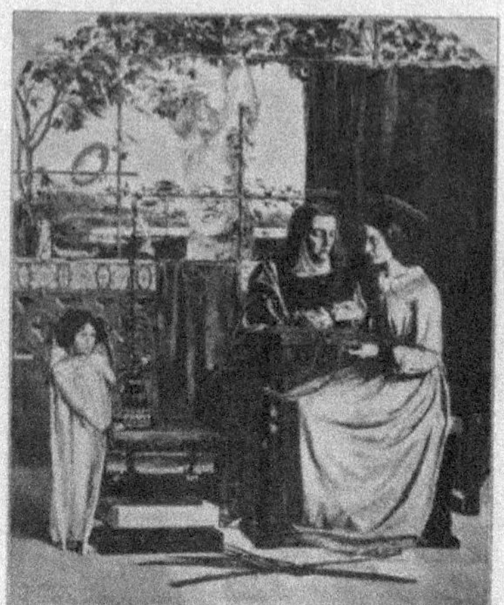

JEUNES ANS DE LA VIERGE MARIE * * * * *
DIE MÄDCHENJAHRE DER JUNGFRAU MARIA
GIRLHOOD OF MARY VIRGIN * * * * * * * *

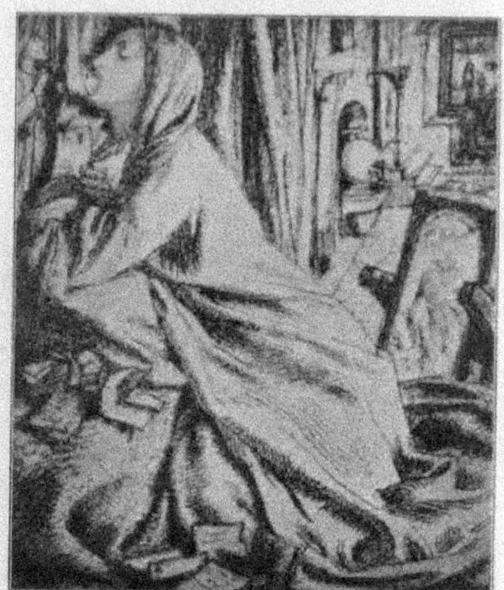

DESSIN POUR UN POÈME DE TENNYSON * * *
ZEICHNUNG ZU EINEM GEDICHT TENNYSONS
DESIGN FOR TENNYSON'S POEM * * * * * * * *

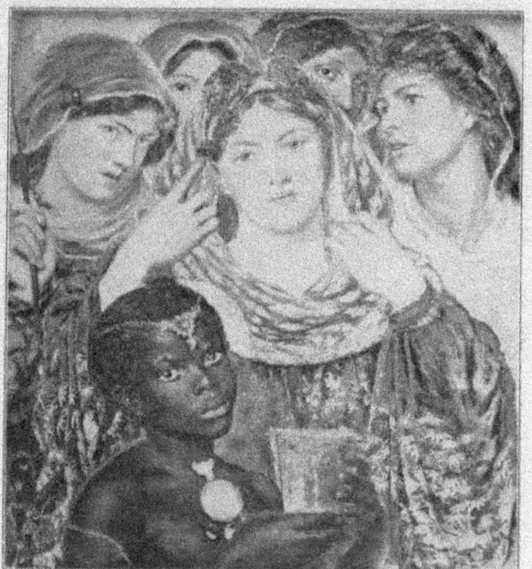

Mansell & Co., London

LA BIEN-AIMÉE   DIE GELIEBTE   THE BELOVED

By Permission of F. Hollyer, London

complément à son poème „Jenny" qui respire quelque peu la sombre mélancolie, la divination pénétrante des poèmes de Baudelaire.

La belle esquisse si remplie d'imagination destinée au poème de Browning „Le Laboratoire", devait également devenir tableau; mais, elle aussi, fut mise de côté et resta esquisse. Les illustrations des légendes du Roi Arthur, celles du Saint Graal et de Faust présentent des qualités dans le meilleur sens de l'Ecole Pré-Raphaélite, qualités qui devaient disparaître plus tard de l'art de Rossetti, peut-être bien parceque sa main était impuissante à reproduire ce que son génie avait conçu. Et c'est ainsi qu'il arriva à limiter ses sujets, sauf dans de très rares exceptions, comme dans la grande toile du „Songe du Dante", à une seule figure, pour laquelle la représentation d'après le modèle devenait le mystérieux symbole de ce qu'il y a de plus profond, de plus subtil, de plus désirable chez la femme. L'art du portrait n'était pas, strictement parlé, l'art de Rossetti, mais il inventa pour son propre usage une certaine manière de représenter les êtres vivants chez lesquels il découvrait des types de beauté. Sur la liste de ses modèles nous pouvons identifier Miss Siddal, Mrs. Morris, Mrs. Stillmann, Miss Herbert, Miss May Morris, Miss Wilding, Mrs. Schott qui ont posé soit pour le portrait, soit pour une oeuvre moderne d'imagination. Elles sont toutes représentées comme des types qu'il a trouvés chez certaines belles femmes, attendant qu'il les y découvre. Aujourd'hui, en voyant passer une belle brune aux grands yeux mélancoliques, au long cou, à la chevelure tombant en cascades sur sa nuque, on dit: Voici un Rossetti. Quiconque a vu les photographies de Mrs. Morris dans une robe noire flottante à l'ancienne mode, photographies prises par Rossetti sous une tente, se rend compte qu'il n'a pas modifié le genre de beauté de son modèle dans ses multiples représentations. Une beauté comme celle de Mrs. Morris est souveraine et ne peut être rehaussée. La beauté d'ailleurs faisait son désespoir; elle contribua à sa gloire. Il la suivait comme une étoile, jusqu'à ce qu'il en eût l'oeil saturé, ou jusqu'à ce qu'un nouveau type, toujours charnel, vînt se présenter à lui, comme dans „Lady Lilith", et que les sens prissent le dessus sur l'âme. Il commençait toujours par l'adoration, puis venait le désir et enfin il se créait des idoles. Toujours ces idoles ont été à ses yeux des images dont nous retrouvons les symboles dans les poèmes qu'il inscrivait sur les cadres de ses tableaux.

Passons maintenant de ces toiles qui sont plutôt des symboles ou des ornements que des portraits ou des reproductions de la vie, aux créations d'un Whistler, à sa „Connie Gilchrist" sautant à la corde, par exemple, qu'il faut avoir vue même après les portraits de sa mère, de Carlyle et de Miss Alexander, si l'on veut connaître toutes les faces de Whistler comme portraitiste. Son art diffère de celui de tous les autres, et cependant, comme chez tous les autres, il se résume en la création d'une pose. Il nous révèle une petite, exquise et pathétique créature, saisie dans un mouvement harmonieux, au moment où les deux pieds touchent le sol entre deux tours de la corde. Elle a passé, la voici qui revient! de nouveau elle s'élance en l'air, et le frêle corps de l'enfant est représenté comme si réellement il planait sans toucher terre: un fantôme de forme dans un fantôme de mouvement!

Dans cette petite danseuse qui s'échappe du temps pour se lancer dans l'éternité, plus fantôme que chair et os, plus réelle qu'un rêve, dans cette feuille d'automne, jouet du vent, dans cette image et ce symbole des choses imprécises, dans cette douceur éphémère, ce joujou, ce parfum, nous avons une interprétation de la danseuse qui rend pour notre époque quelquechose de ce que les Grecs rendaient dans les reliefs de leurs vases de marbre pour la leur. Il s'efforça aussi de rendre l'essence de notre temps de sophistication en nous donnant lui-même cette sophistication de la fille travestie en garçon; à peine une fillette, une enfant représentant dans la danse tous les jeux de l'enfance. Les Vêtements de la danseuse sont presque du même ton que le fond: or-mat; dans l'ombre on ne voit se détacher que les jambes d'une incroyable ténuité, en maillot or plus clair; dans chaque main reluit un point rouge: les poignées de la corde. Le visage aux yeux pareils à des violettes a une expression vieillotte, tant soit peu lasse; hélas! c'est une enfant jouant pour le plaisir des autres! Quand nous pensons à cette toile, l'attitude nous revient comme celle d'un être condamné à la gaîté et au mouvement perpétuels; on sent quelque-

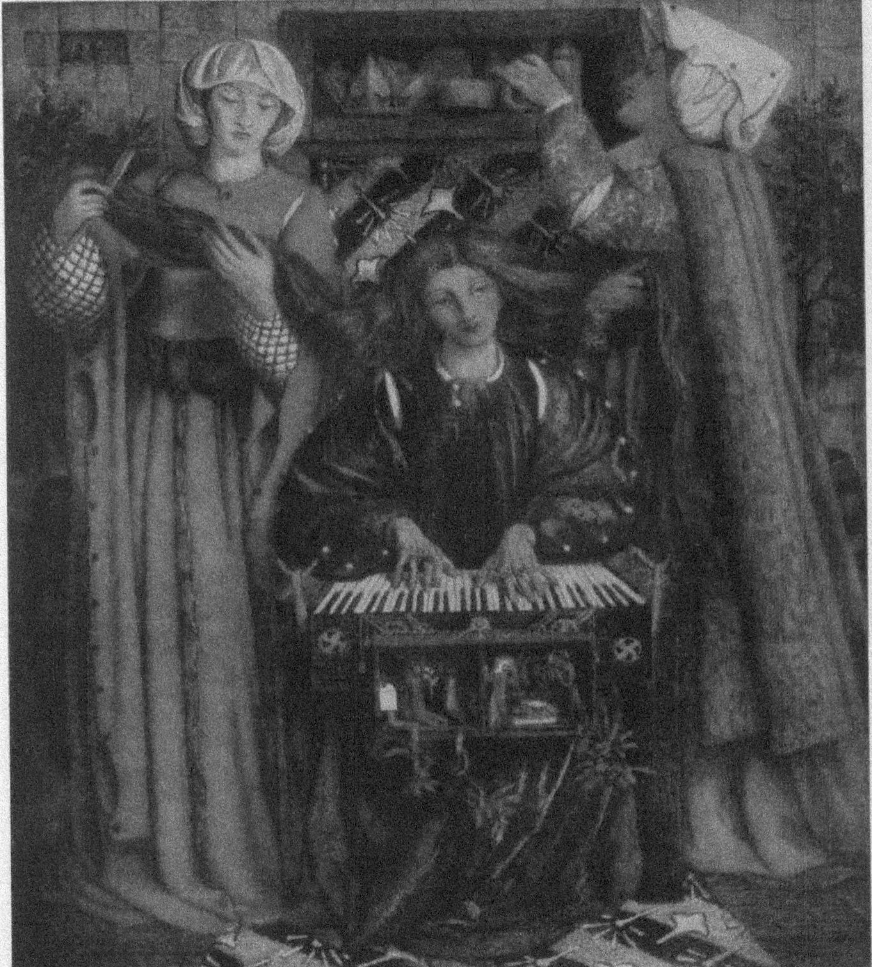

CONTE DE NOEL   DER WEIHNACHTSCHORAL   THE CHRISTMAS CAROL
BY PERMISSION OF HOLLYER, LONDON

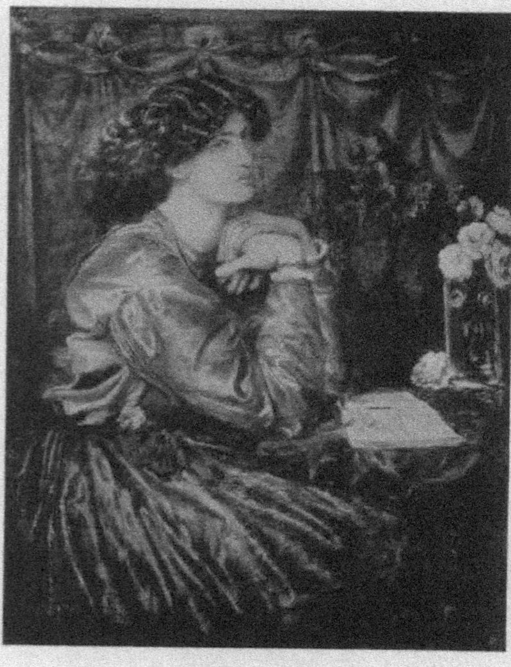

MRS. WILLIAM MORRIS

BY PERMISSION OF HOLLYER, LONDON

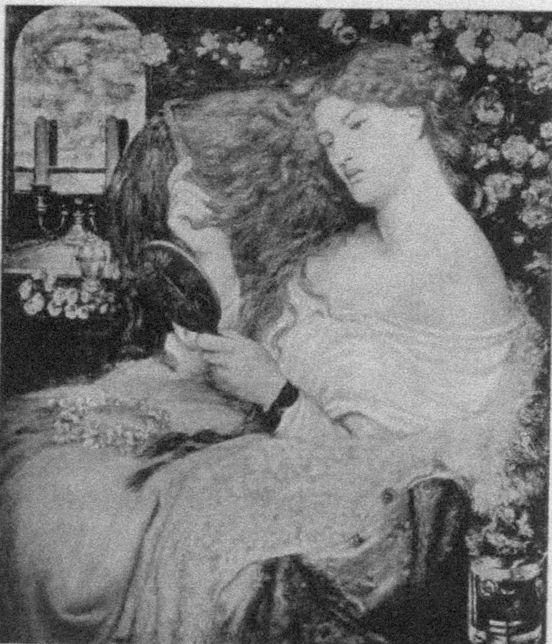

LILITH

MANSELL & Co., LONDON

chose de cruel dans la continuité de ce pas si léger. Sans aucun doute, cette impression provient de l'air ambigu que Whistler donne à nombre de ses personnages; un mystère qui constitue une partie de son art, de sa manière et de sa conception.

Laissons là cette danseuse fantômatique pour fixer nos regards sur cette forte femme débordante de vie, assise là en robe blanche, avec sa forêt de cheveux noirs: c'est la Duchesse d'Alva, de Goya. Nous avons sous les yeux un être bien vivant; ce n'est pas une créature évoquée du néant, ni une image imprécise entre deux traits de lumière; bien au contraire; c'est une femme robuste, bien de son temps, passionnée, de chair et d'os, parfaitement conçue dans l'esprit de l'artiste avant qu'il la fixât sur la toile, reproduction fidèle de la nature. Le portrait est étrange, quelque peu répulsif, et même de prime abord il n'intéresse pas; c'est une réalité qui n'a pas été dénaturée par la fantaisie comme dans ses admirables miniatures sur ivoire. C'est Goya tout entier, rivalisant avec la nature, mais bien résolu à ne pas dépasser les limites qu'elle impose.

Rossetti, lui, n'aurait pas été capable de créer un portrait dans le genre de Goya ou de Whistler; il n'aurait pu travailler d'après leurs modèles. La beauté qui lui est propre, c'est l'exubérance, ce qui lui a valu les suffrages de Blake. Il peupla son monde de figures aimables et voluptueuses, d'un modèle admirable, entourées d'une richesse d'ornements qui rappelle Keats aussi bien que ses propres poésies. Il ne pouvait leur infuser la vie, mais il leur donna sa propre âme, ses propres sens, et elles sont là, rêveuses devant nous, indifférentes comme Borgia, méditatives comme Perséphone, célestes comme la Béate Béatrice. Quand l'idée l'entraînait, quand de maître il devenait esclave de ses rêves, ses tableaux ne sont plus des symboles; ils se transforment en idoles. Vénus qui devient de plus en plus asiatique, à mesure que s'éclaire le croissant au-dessus de sa tête, à mesure que l'Aphrodite se change en Astarté, perd toute la fraîcheur des vagues d'où elle est née; son charme ensorcelant disparaît pour faire place à la dureté d'une statue de bois peinte pour l'adoration de sauvages. Ses rêves ne se transforment plus en réalités auxquelles la lumière du jour infuse la lumière pour les rendre visibles à nos yeux; ils restent surnaturels, fantastiques, comme une incompréhensible menace. Il faut commencer par deviner la signification d'un tableau; dès lors, il ne nous intéresse plus comme peinture, et nous nous tournons vers les sonnets qui agrémentent le cadre.

Dans sa plus belle période, avant pu'il eût repeint ses tableaux dans une nouvelle manière, en les abîmant, comme Woodworth et d'autres ont gâté leurs poèmes en essayant de les récrire, cette exubérance de Rossetti qui, avec le sens du mystère de la beauté, constituait le propre de son talent, nous affecte toujours et nous hypnotise. Cet hypnotisme s'exerce sur tous ceux qui l'ont approché; c'est celui d'un medium inconscient, celui d'une femme dont le pouvoir d'attraction vous laisse sans défense.

Tout ce que nous savons de Rossetti comme homme nous le montre comme une de ces natures magnétiques qui entraînent sous leur influence magique homme ou femme, tout ce qui se trouve sur leur chemin. Il fut un ami généreux qui savait aussi tirer beaucoup de ceux qui l'aimaient. Jamais homme n'a eu de meilleurs amis; jamais personne plus que lui n'a dépendu de ses amis.

Et c'est ainsi que personne n'est à même de rendre complète justice à Rossetti. Il possédait le merveilleux talent de transformer ses faiblesses en nouvelles formes de beauté, et une fois que nous nous sommes soumis à son influence, il ne reste plus pour l'oeil de question à poser. Rossetti voyait les visages à travers l'instinct, et sa tâche, son plaisir étaient d'en tirer toutes les manifestations de la beauté, de serrer de plus en plus près l'absolu, le non-existant. Il accumule l'or et les cadeaux princiers sur ses femmes, il décore leurs murs de miroirs sculptés et de plats d'or, il met des grenades à leurs mains, des chaînes ciselées et des bijoux à leur cou, et de ses doigts patients il leur façonne d'étranges vêtements. Dans ses ouvrages de début, la décoration est claire, la lumière donne l'impression du jour levant, les visages sont les portraits de sa mère et de sa soeur. Petit à petit, nous arrivons à la chambre parfumée où une femme se peignant devant un miroir personnifie l'éternelle Lilith, la tentatrice antérieure à Eve,

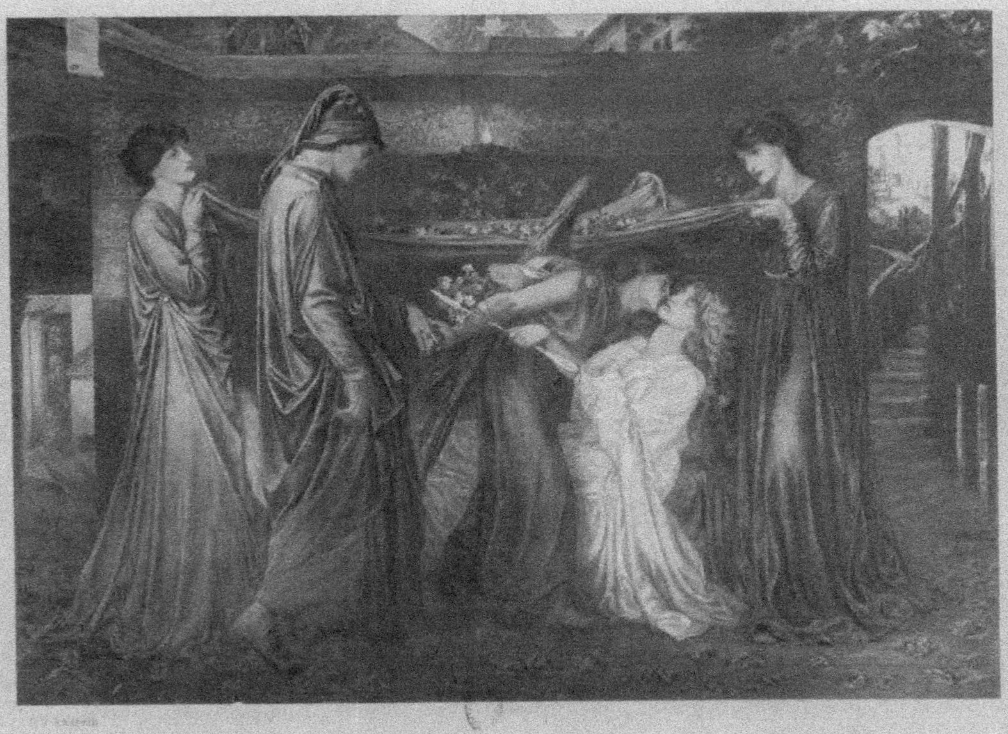

Le Rêve de Dante   Dante's Dream

Dante's Traum

la suprême „Femina dulce Malum, pariter favus atque Venenum". Elle
est gentille, charmante; quelques fleurs s'épanouissent autour de la
masse dorée de sa chevelure, d'autres sont étalées sur ses genoux et
entre les appliques de sa toilette. Avec amour elle fait passer le
peigne dans sa chevelure qu'elle retient en arrière pour pouvoir con=
templer l'ensemble de son visage dans le miroir que son bras a peine
à tenir. De riches vêtements de forme imprécise entourent son corps,
laissant entrevoir l'éblouissante blancheur de ses rondes épaules et de
son cou de cygne. Ses yeux attisent les désirs des hommes, créant
des désirs qui ne seront jamais satisfaits. Et elle restera ainsi pour
l'éternité, se contemplant avec complaisance, sans se rendre compte
qu'elle tue l'âme des hommes qui la regardent.

IV.

Dans son étude sur Rossetti, la plus subtile interprétation qui ait
jamais été donnée de son génie, Mr. Watts-Dunton résume toute la
tendance et toute l'essence de Rossetti: „Le désir plus ou moins
conscient de son génie, dit-il, était de débarrasser l'art romantique de
tout ascétisme, tout en restant romantique, de fixer ce mysticisme qui
seul peut donner la vie à l'art romantique, tout en restant aussi sensuel
que le Titien qui a ressuscité la sensualité aux dépens du mysticisme".
Détournons un instant nos regards de ses toiles pour nous occuper
du poète qui a introduit une note personnelle nouvelle dans la littéra=
ture anglaise. On sent immédiatement l'influence de l'Italie, du génie
grave et extatique du Dante qu'il portait aux nues, et dont il a traduit
la „Vita Nuova" avec un impeccable talent. C'est au Dante qu'il doit
en partie son mysticisme chrétien si bien exprimé en vers dans son
„Ave" et en couleurs dans son „Ecce Angela Domini". Dans ses
poèmes, de même que dans ses tableaux, règne un esprit romantique
qui le mène aux pays mystérieux. Hoffmann, dans son „Kreisleriana"
a le pressentiment de ce que certains poètes modernes tels que Baude=
laire, Mallarmé, Rossetti, se sont efforcés de trouver dans la mystérieuse
harmonie de l'univers, quand il dit: „Je trouve une analogie et une
réunion intime entre les couleurs, les sons et les parfums. L'odeur des

soucis bruns et rouges produit surtout un effet magique sur ma personne; elle me fait tomber dans une profonde rêverie, et j'entends alors, comme dans le lointain, les sons graves et profonds des hautbois".

Couleur, Harmonie, Poésie, se mêlent dans ses tableaux et ses poèmes, et donnent d'étranges créations. C'est par la couleur que Rossetti vivra; c'est la couleur qui était devenue son tyran et aussi son triomphe. Elle l'enivrait, et lui, il glorifiait l'éclat de tout ce qui est beau: métaux, fleurs, bijoux, au moyen desquels il savait ériger un monde à lui pour les personnages qui devaient l'habiter. Le mysticisme devient sensualité, et tous deux ils recherchent une union au-delà de la conception humaine. Contemplez une des premières toiles, la „Maîtresse de Fazio", de 1860, où l'évanouissement de la dame est l'évanouissement réel d'une femme de chair et d'os, et non pas d'une ombre tombant en syncope devant un rêve. Le tableau est sensuel, d'une simple sensualité physique. Mais de ce corps à la chair saine, à laquelle ne se rattache pas l'ombre d'un rêve de l'âme, comme dans „Belcolore" et „Bocca Bacciata", l'artiste devait passer au corps engourdi sous un voile pesant de la „Mnemosyne", dans lequel l'âme avait pénétré et succombé à la lassitude.

En dépit de sa beauté intellectuelle et voluptueuse, il y a quelque-chose de tragique dans la poésie de Rossetti. Tout ce que peut tenter l'homme pour fixer le bonheur est fatalement voué à l'échec, et ce sont là des tentatives pour maintenir l'extase dans une région où tout ce qui n'est pas extase est douleur. En lisant tout autre poète qui a chanté l'amour, on a la conscience de trouver une compensation: le bonheur d'aimer ou d'être aimé, l'honneur dans la défaite, l'aide et le réconfort de la nature ou de l'action. Pour Rossetti, dans son cloître, la nature était un ensemble de beaux dessins propres à l'ornement par voie de symboles. Il resta renfermé en lui-même, avec toute son énergie concentrée en une extase unique: le désir de la beauté, l'amour de l'amour. Cet éloignement de toute chose, sauf le désir insatiable et par cela même jamais satisfait, de la beauté n'est-il pas une sorte de martyre; n'est-ce pas la soif éternelle qui se fait sentir plus cruelle après chaque gorgée?

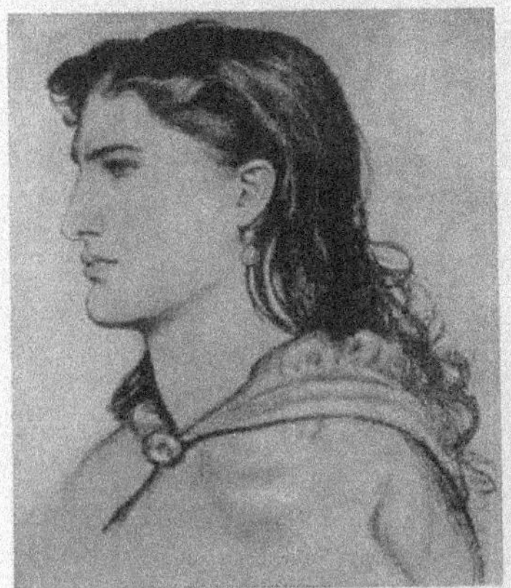

DESSIN POUR LA SÉRIE : JEUNE FILLE ÉCOSSAISE

ZEICHNUNG ZUR SERIE : SCHOTTISCHE MÄDCHEN

THE SCOTCH GIRL SERIES : SKETCH

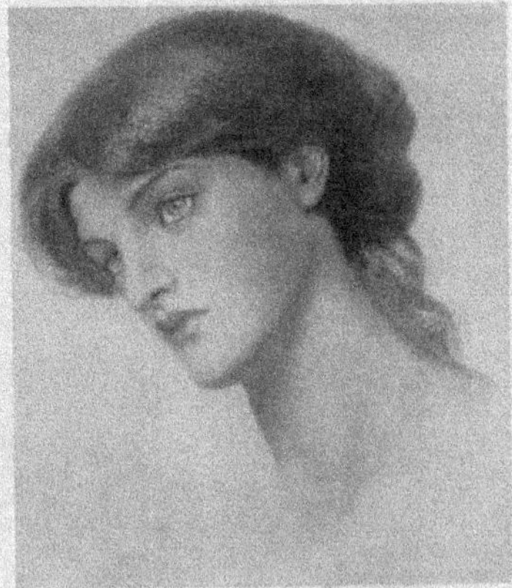

MANSELL, & Co., LONDON

LA MORT DE BÉATRICE : TÊTE D'UNE DES ASSISTANTES

ZUM TODE BEATRICES. KOPF EINER ANWESENDEN DAME

BEATRICE DEAD : HEAD OF ONE OF THE ATTENDANT LADIES

BY PERMISSION OF HOLLYER, LONDON

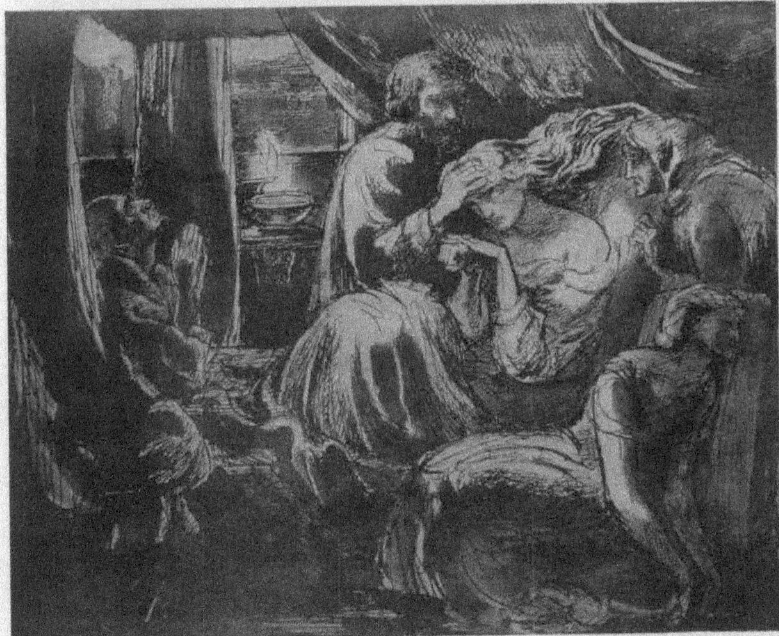

MANSELL, & Co., LONDON

LA MORT DE LADY MACBETH

DER TOD LADY MACBETHS
BY PERMISSION OF HOLLYER, LONDON

THE DEATH OF LADY MACBETH

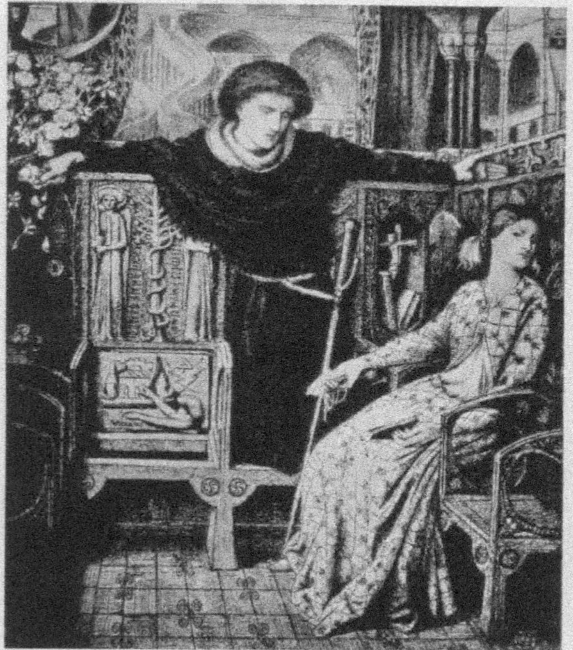

HAMLET AND OPHELIA

BY PERMISSION OF HOLLYER, LONDON

LE CHANT DU CYGNE
DE DESDEMONE

DESDEMONAS
SCHWANENGESANG

DESDEMONAS
DEATH SONG

MANSELL & Co., LONDON

L'art de Rossetti devait fleurir dans le jardin de la peinture anglaise comme une plante exotique. N'offrait-il pas, en effet, de nouvelles couleurs, de nouveaux et enivrants parfums? Jusqu'à lui, tout avait porté le caractère du terroir. On avait bien emprunté maintes choses à l'étranger, mais pour les angliciser aussitôt. Toute la pensée des artistes se concentrait sur la vie nationale dont les manifestations leur suffisaient.

Hogarth s'était mis à la poursuite des passions et des vices de son temps avec le coup d'oeil d'un juge criminel. Quand il s'attaqua au grand Art, ce fut un haro que rien d'ailleurs ne justifiait. Reynolds resta le Grand Maître tant qu'il se contenta de représenter en de remarquables portraits les belles et intéressantes personnalités contemporaines; ses essais mythologiques n'ajoutèrent rien à sa renommée, au contraire. Ce que lui, l'artiste le plus éminent du Parnasse insulaire, le modèle à la façon des Vieux-Maîtres, le pédagogue par excellence de son Académie, s'efforçait d'enseigner à ses élèves par ses créations, c'était quelquechose de moral: la belle âme sous une belle forme. Michel-Ange était sa divinité; mais pour être vraiment michelangelesque, il lui manquait l'expression.

Lawrence eut l'art de tenir compte des goûts des Lords et des Ladies, mais quand un jour il se laissa aller à la fréquentation de Satan et des hordes infernales, il dut se résigner à s'entendre traiter de „Confiseur en délire“. Gainsborough, Romney, Opie, Hoppner tous tant qu'ils sont, furent entièrement attachés à la Réalité. Ce furent Old Crome et Constable qui donnèrent aux Anglais le goût du paysage national. Wilkie et Mulready apprirent des paisibles Hollandais la calme reproduction des choses journalières. Ward et Landseer flattèrent l'affection de leurs compatriotes pour les animaux; le sport fournit des sujets à Frith; Maclise et Copley les trouvèrent sur la scène et dans l'Histoire. Sans cesse, on peignait ce que l'oeil avait vu réellement, mais sur le parnasse de la peinture anglaise il n'y avait pas de place pour l'enfant chéri des dieux: la Fantaisie. Il ne pouvait d'ailleurs guère être question de Parnasse, c'était plutôt un Salon, un lieu de rencontre pour la bonne compagnie.

38

Cette doctrine d'Ecole suffit pendant un demi-siècle à l'Art national. Les productions des artistes n'avaient qu'à être nettes comme chez les Hollandais, pleines de couleur locale comme chez les Italiens, sans exhibition de tempérament, plaisantes; c'est tout ce que réclamaient les acheteurs pour l'ornement des murs de leurs salons. On n'était pas d'humeur à trouver dans le frisson la plus belle sensation de l'humanité pour le confort des after-dinner. On oubliait que Shakespeare, jadis, dans cette même sphère, avait évoqué la présence des esprits, l'enchantement des Elfes, les dialogues des Démons, toutes les délices et les frissons des Génies aux mille faces. Jusqu'à l'apparition de Turner, tout se traînait dans l'uniformité de la plaine. Ce n'est que grâce à lui que l'on vit s'élever quelques hauteurs qui disparurent de nouveau à sa mort, comme des collines qui se seraient dressées subitement à la suite d'un mouvement volcanique pour retomber tout aussi brusquement dans le néant. La morne plaine semblait être le domaine exclusif de la peinture anglaise, depuis son origine au début du XVIIIème siècle jusque vers le milieu du XIXème. En même temps que les réformateurs pré-raphaélites commençaient à honorer les Primitifs italiens comme modèles, parceque comme eux ils proclamaient le mot d'ordre de la „Nature", et recherchaient le même idéal, quelques artistes, Frédéric Leighton à leur tête, s'étaient rendus à Paris d'où ils rapportèrent l'Académisme des ateliers de Couture et de Gleyre. Le Nu, mais seulement le Nu enveloppé du manteau de la chasteté, fit son apparition dans la peinture anglaise, et l'enthousiasme créé par les oeuvres de Phidias lors de leur transport de l'Akropolis au British Museum, aida à la propagation de ce goût. Le canon classique prit rapidement faveur grâce à l'élégante conformation physique de l'Anglais qui s'en rapprochait beaucoup. N'est-ce pas Gerhard Hauptmann qui a écrit récemment dans le Journal de son voyage en Grèce? A bord il y avait une belle jeune fille anglaise, grande, élancée, portant sur ses nobles traits toute la beauté féminine classique. Pour singulier que cela paraisse, j'ai de la peine à me représenter une Pénélope ou une Nausicaa autrement que sous les traits de cette race. „Depuis Leighton, quantité de peintres anglais ont créé des Psyché et des Aphrodite, des

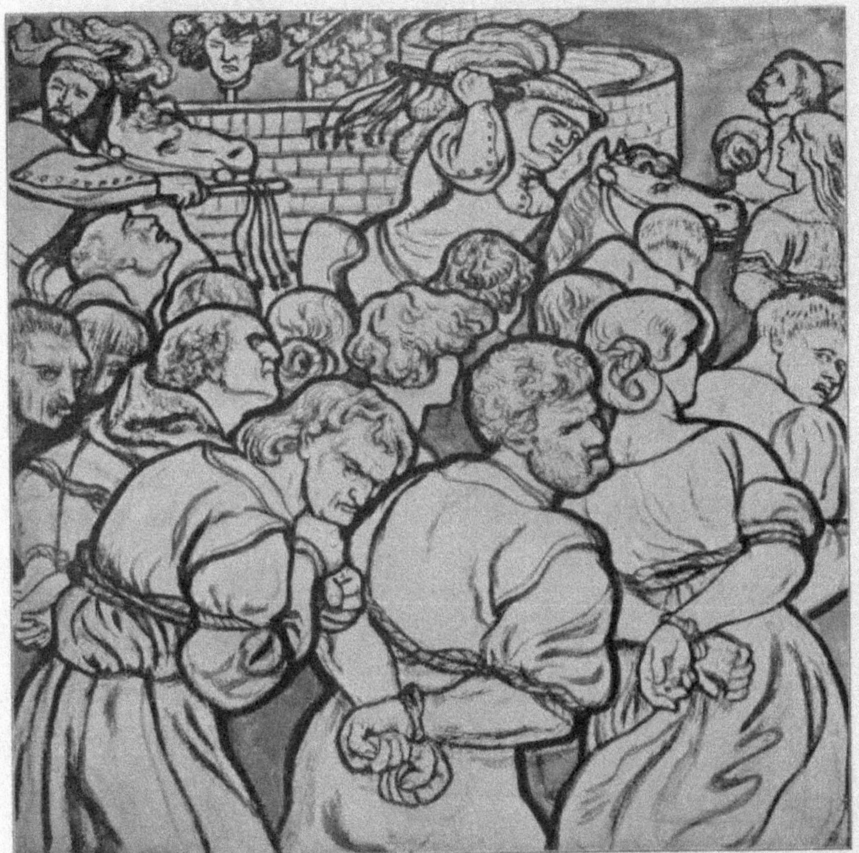

Mansell & Co., London

LA PARABOLE DE LA VIGNE   ZEICHNUNG ZUM GLEICHNIS DES WEINBERGS   THE PARABLE OF THE VINEYARD

By Permission of F. Hollyer, London

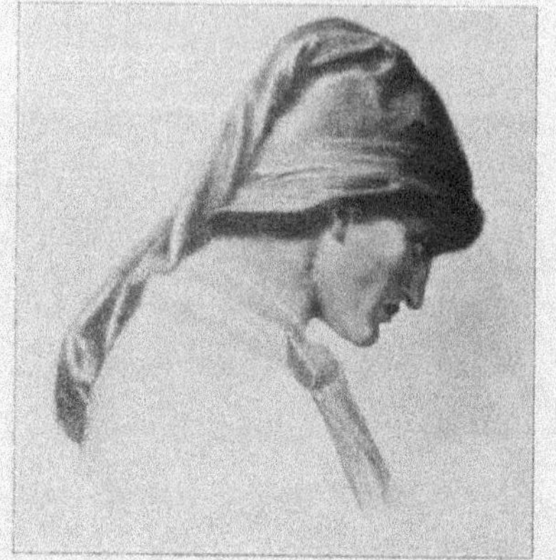

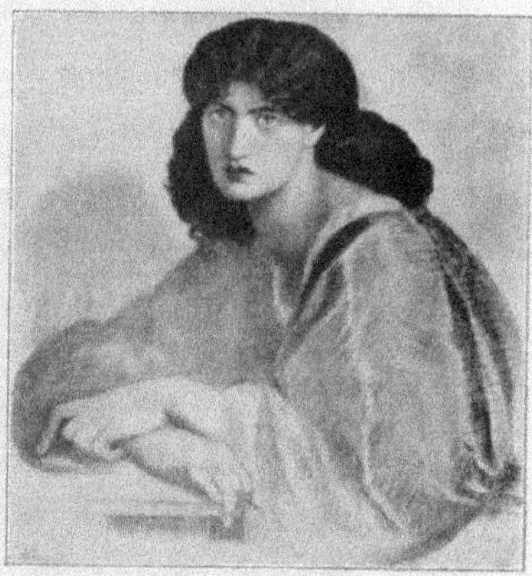

TÊTE DU DANTE   DANTES KOPF   HEAD OF DANTE   LA DONNA DELLA FINESTRA

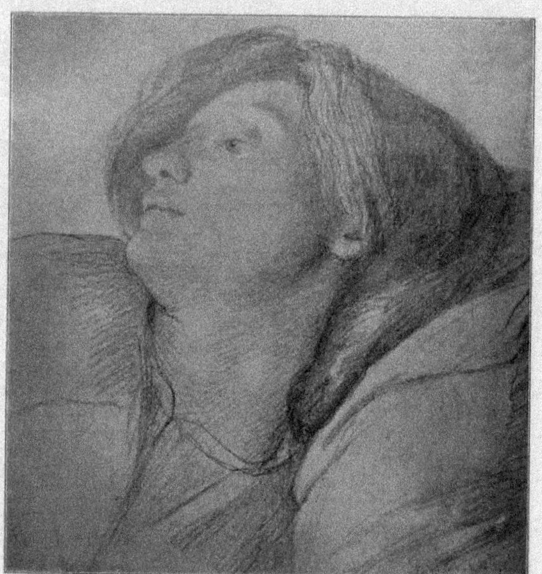

MRS. DANTE ROSSETTI

By Permission of F. Hollyer, London

Orphée et des Adonis, au corps plat, aux hanches étroites, produits du nouvel art insulaire étrangement sensuel sans sensualité. Watts, lui, se moquant de cette timidité, nous donne les vigoureuses formes michelangelesques, mais, comme Turner, il demeura isolé. On voulait bien l'admirer, mais l'imiter, point.

Rossetti introduisit un nouvel élément dans l'art anglais: le faustisme. On en avait déjà découvert quelques traces chez Blake, Fuseli et Haydon, jusqu'à lui cependant aucun vrai génie ne l'avait introduit dans une oeuvre de quelque importance. Mais il jaillit des toiles de Rossetti pour se répandre avec la force d'un phénomène de la nature dans les sentiments les plus intimes des amateurs d'art. Pendant que Georges Frédéric Watts secouait le public par le pathos du Symbole, les oeuvres de Rossetti le magnétisaient par la puissance de l'âme en quête de mystère. La Muse de Watts s'avançait majestueuse, une mâle vigueur emplissait son être; celle de Rossetti portait les traits de la grâce irrésistible de la Féminité. Et c'est pour cette raison qu'à la tendance faustique de Rossetti il manquait l'élément titanesque. Il possédait la sensualité qui se cramponnait au monde, mais son penchant pour l'amour n'admettait pas la rudesse. A propos du cancan de Paris, il avait déjà écrit à son frère, à l'âge de vingt-et-un ans: „Je reconnais et je t'avoue tout bas, mon cher William, que ces créatures fantasques, quelque jolies qu'elles soient, n'excitent nullement mes passions". Il possédait aussi au plus haut point l'instinct qui le poussait vers la sphère des grands Ancêtres. Nous ne sommes pas en présence d'une nature qui, comme le Faust de Göthe, puisse conquérir la liberté et la vie; ce n'est que le Faust de Lenau qui finit par rêver d'un poignard dans le coeur. C'est ce Faustisme-là, avec une teinte de mollesse méridionale que Rossetti introduisit dans la peinture anglaise. L'effet en fut énorme; celui d'un philtre qui enivre les sens. Ce fut une boisson toute nouvelle pour ces insulaires totalement abstinents ou habitués tout au plus à l'ale ou au porter. L'enthousiasme s'empara d'abord des Confrères pré-raphaélites, puis il s'étendit aux amateurs d'art et pénétra enfin le goût esthétique de toute la nation. Du temps même de Rossetti il en sortit une complète hypnose, et aujourd'hui encore, dans l'art du pays si fortement imprégné de naturalisme, nous trouvons des traces bien visibles de sa présence.

Prétendre que le pré-raphaélisme est mort, c'est vouloir nier des faits évidents, et ce que nous comprenons aujourd'hui sous la désignation de pré-raphaélisme, c'est la création de Dante Gabriel Rossetti. De nos jours enfin, le seul survivant de ces admirables conjurés, William, Holmann Hunt, leur véritable père, a desserré les lèvres. Dans son récit détaillé et persuasif, il nous est donné de lire comment lui et Millais créèrent le mouvement, comment seuls en Angleterre ils reconnurent la nécessité primordiale d'une réforme de l'art anglais, comment eux seuls établirent pour lui une loi fondamentale: Peinture de plein air pour le premier et l'arrière-plan des tableaux, abjuration des feuillages bruns, des nuages enfumés, des coins obscurs, fixation directe de la lumière ensoleillée sur la toile", tel était leur précepte fondamental choisi avec réflexion, suivi bientôt d'un deuxième: Adoration sincère de la nature limitée par un choix judicieux et guidée par un esprit d'une riche fantaisie. C'est la recherche d'un réalisme idéal parfaitement sain, et Hunt lui-même appelle le pré-raphaélisme original une „vigoureuse plante de plein air".

Ce que cherchait la poussée intérieure de l'âme du jeune artiste, le célèbre critique d'art John Ruskin le demande en termes précis dans son récent ouvrage: Le Peintre Moderne". Dans ces pages, Hunt reconnaissait les principes fondamentaux comme une inspiration du Saint-Esprit, et ainsi se trouvait établie une base solide pour l'autorité critique. Ruskin avait d'abord découvert le génie de Turner et admiré chez cet adorateur unique de la nature l'extrême minutie unie aux extrêmes audaces de l'Impressionnisme. Puis, ce furent les premiers classiques italiens qui „lui montèrent à la tête comme un généreux Chianti", et plus tard ce fut l'essence du Gothique. Il ne cessait de réclamer la perfection du dessin comme base de tout ouvrage; les merveilles du coloris ne devaient venir qu'après. „Le peintre, dit-il, doit ciseler son rocher avec conscience, soigner avec tendresse le feuillage de ses bois; ce n'est qu'à cette condition que nous lui concédons le plaisir de faire entrer les lumières et les ombres en jeu. „Il doit

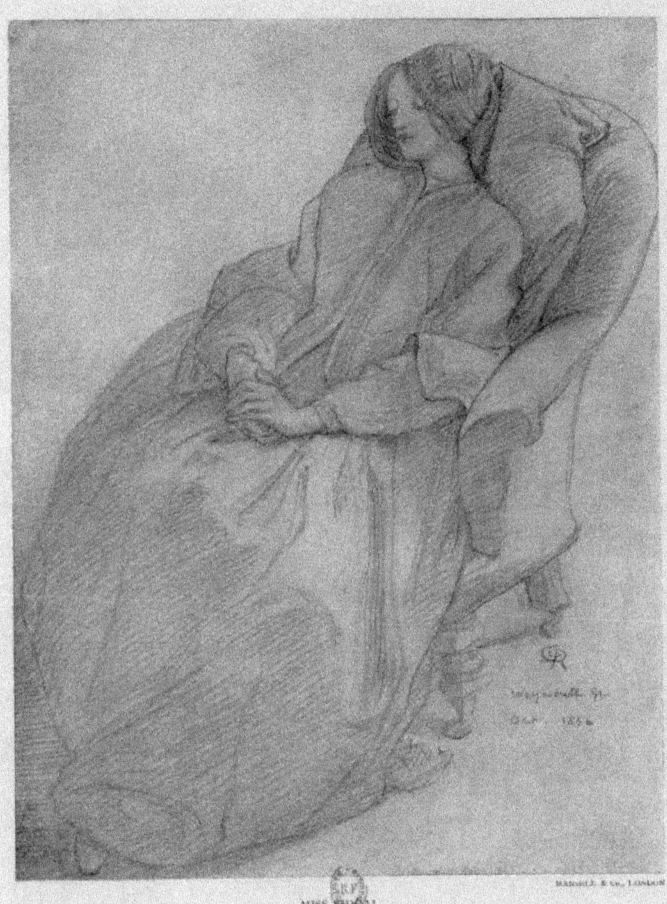

MISS SIDDAL

BY PERMISSION OF HOLLYER, LONDON

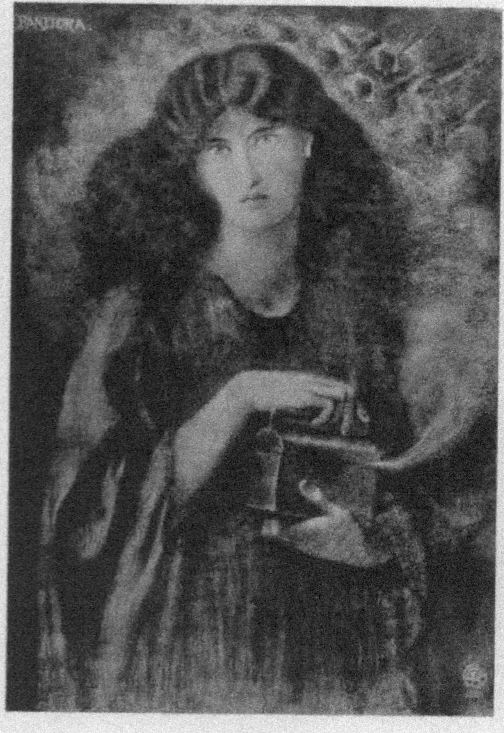

PANDORA

MNEMOSYNE

BY PERMISSION OF HOLLYER, LONDON

MANSELL & Co., LONDON

aborder la nature ajoute-t-il, avec toutes les forces de son âme et ne s'en écarter à aucun prix. Son seul effort doit tendre à la pénétrer, à graver ses leçons dans son esprit, sans rien rejeter, sans rien mépriser, sans rien trier". Et Ruskin se trouva en présence des oeuvres de début des jeunes pré-Raphaélites, et ces oeuvres étaient selon son coeur. Il se fit le champion de cet art, et grâce à sa plume vigoureuse, les trois lettres P. R. B. jusque-là objets de la risée universelle, devinrent un symbole de gloire. Ce fut grâce aussi à ses efforts que l'Académie de Liverpool fonda un prix annuel pour une oeuvre préraphaélite. L'Académie de Londres, elle, avait répondu par un refus glacial. La première place dans son coeur ne tarda pas à être occupée par l'irrésistible Rossetti, dont l'entraînant romantisme et le tempérament de feu lui firent reconnaître l'immense supériorité. Aussi, ne lui ménagea-t-il pas ses faveurs. Le critique proclamait partout sa passion pour ses dessins au moins égale à celle qu'il professait pour ceux de Turner, et quand il se décida à apprendre l'aquarelle, il ne voulut point d'autre maître que lui. En dépit de toutes ses préventions, Hunt fut obligé d'avouer que „Rossetti était un vrai voyant", un jugement confirmé par Ruskin. Bien que les liens d'une solide amitié qui dura plus de dix ans se fussent quelque peu relâchés dans la suite, il n'en est pas moins établi que Ruskin apprécia toujours Rossetti à sa juste valeur.

L'entrée de Rossetti dans la Compagnie devait donner à celle-ci une tout autre physionomie. On prêta bien serment aux principes formulés, mais en même temps prit naissance la tendance de s'éloigner du présent, et l'on se mit à recourir aux phases du passé dans lesquelles l'intensité du sentiment, le mystère de l'amour céleste et terrestre se faisaient encore fortement sentir. La Madone et Béatrice, le Christ et Lancelot entrèrent en scène; l'Antiquité et le Moyen-Age refoulèrent la vie. Ce qui jusque là avait été de l'Inattendu devint tout naturel et fit l'objet du désir universel, quand Burne Jones et Morris, animés du même esprit, se mirent à produire.

Mais son esprit survécut. De nouveaux propagateurs, fidèles apôtres de la doctrine survinrent, et aujourd'hui, cette école est devenue une réalité, partie vitale de l'organisme national.

Rossetti à créé le pré-raphaélisme, et quelque crédit que nous accordions aux rapports historiques de Hunt, nous sommes amenés à constater que son mérite, aussi bien que celui de Millais, est dû entièrement au mérite de Rossetti. A eux deux, ils ont modifié le forme, mais Rossetti, le fond. Ils ont flatté l'oeil, et Rossetti a procuré de grandes satisfactions à l'âme inquiète. Jusqu'alors le peintre anglais avait tiré ses sujets du salon, du parc, du théâtre, de la littérature, de l'histoire, et maintenant s'ouvrait pour lui un vaste pays de rêves. Le monde professionnel voyait des visions, percevait les murmures des esprits et commençait à trouver une jouis sance dans les pressentiments, les vapeurs de l'encens et les Annonciations. Comme des étranges poésies d'Ossian, il sortait des créations picturales de Rossetti de nébuleuses émanations. Le Romantisme apparut dans la peinture anglaise, et son apparition est due uniquement aux efforts de Rossetti. Aujourd'hui, il fait partie intégrante du domaine artistique de l'Ile; sans lui, une exposition ne pourrait être qu'incomplète. „Il faut déraisonner“, avait dit Musset dans sa critique de Boileau, et c'est dans le même esprit que peignit Rossetti en rompant avec le rationalisme de ses confrères anglais. Dans son sécessionnisme il garda la foi aux principes. Que les traits de ses personnages changeassent, qu'il modifiât les sujets, il resta toujours le même „affamé de l'Insaisissable“, soit qu'il peignît le sens intime de la Légende, ou les puissants sentiments de l'Epos, ou l'enchantement sensuel de modèles réels. Quelque différentes que paraissent ses femmes, elles n'en sont pas moins soeurs au fond. Toutes, elles réclament ce qui lui paraît à lui hors de portée; la pure curiosité semble être leur élément vital. Elles ne ressentent pas ce dépit de la désespérance que Watts donne à l'incarnation de son Espérance. Elles n'attendent pas, comme cette charmante figure, le dernier son de la dernière corde presque rompue déjà; elles entendent, au contraire, une éternelle harmonie, car les ondes de leur musique leur arrivent d'un monde au-delà de la sphère terrestre. Il est à remarquer à côté de cela combien Rossetti, ce créateur de types si clairement distincts, a su, comme amateur d'art, se préserver de toute partialité. De tous les peintres anglais, ses préférences allaient à

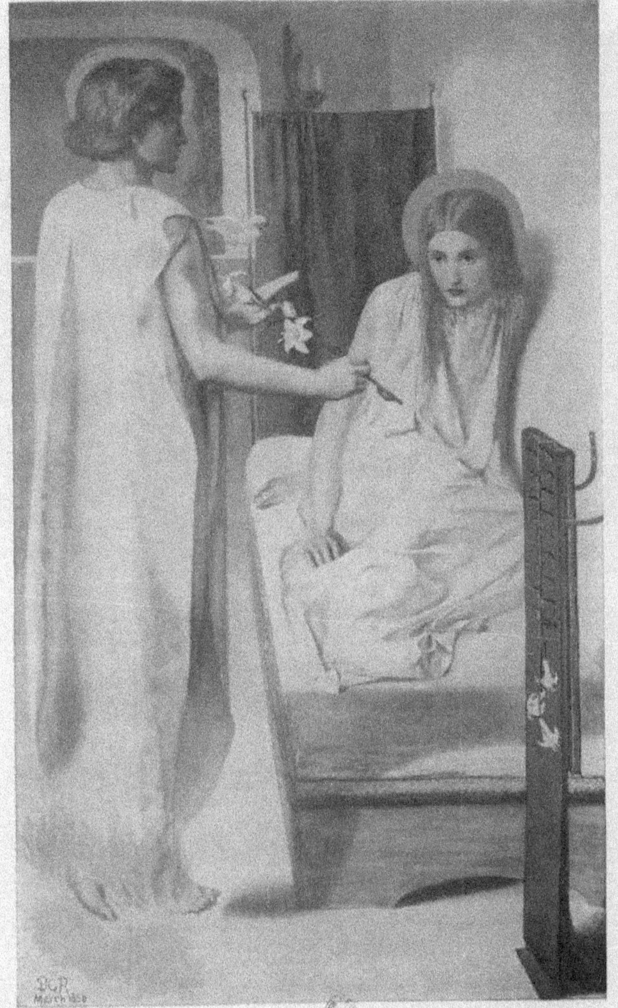

ECCE ANCILLA DOMINI

Mansell & Co., London

By Permission of F. Hollyer, London

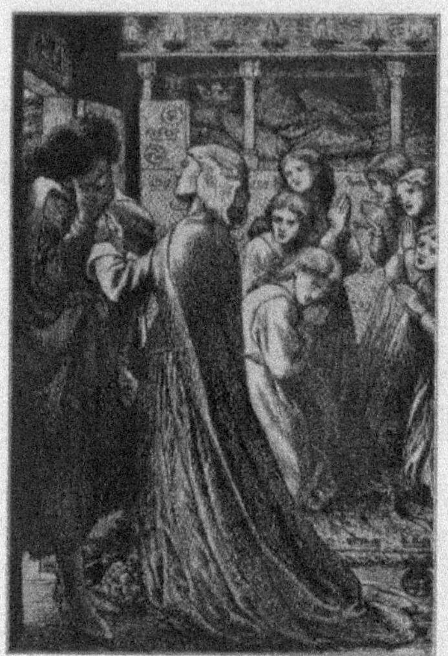

L'ÉDUCATION DU PRINCE
DES PRINZEN FAHRT * * *
THE PRINCE'S PROGRESS

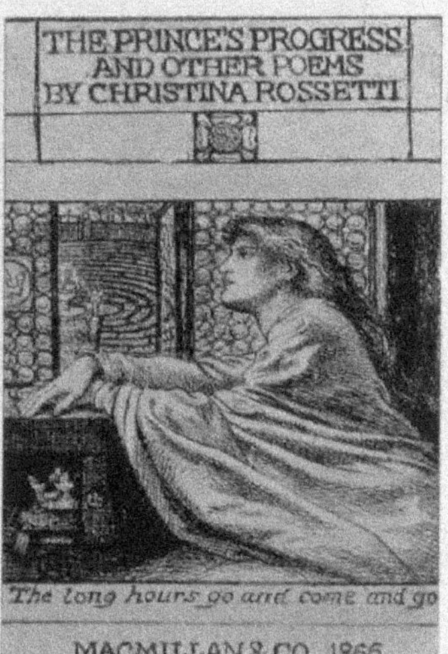

L'ÉDUCATION DU PRINCE
DES PRINZEN FAHRT * * *
THE PRINCE'S PROGRESS

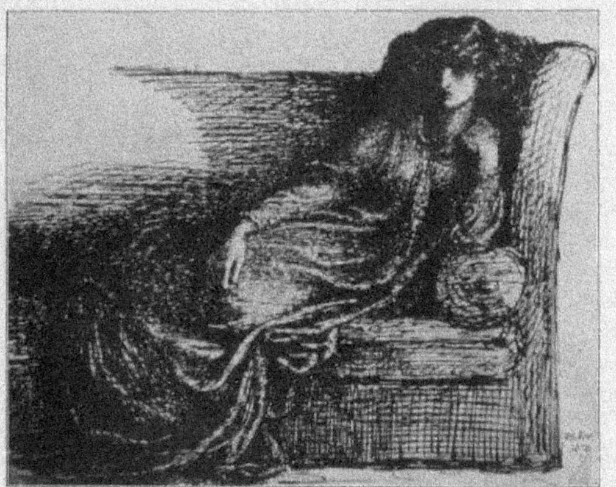

Mansell & Co., London

LE SOPHA   IM SOFA   THE COUCH

By Permission of F. Hollyer, London

Hogarth qui se trouve cependant aux antipodes de son art, et qui s'attachait avec passion à saisir la vie sur le vif. Ici, l'esthète se place aux côtés du prolétaire, le détracteur de la réalité à côté de son admirateur, le champion acharné du Moi, à côté du défenseur de l'Ecole. Mais n'est-il pas toujours vrai que „les extrêmes se touchent"? Rossetti, qui au Louvre, en présence de Rubens et des maîtres de sa confrérie pré-raphaélite s'écriait: „non noi pittori", considéra comme un heureux présage de pouvoir peindre dans le voisinage de la tombe de Hogarth. Il a fondé le Hogarth-Club, et c'est pour son plus grand bien qu'il ressentit l'influence immédiate du Père de toute la peinture anglaise. Lui qui s'acharnait à tirer l'impossible de la couleur, se rendait bien compte que Hogarth ne recherchait d'aucune façon cette opulence du coloris, ce qui ne l'empêche pas d'écrire: Je tiens la couleur pour une qualité essentielle du grand Art. Elle constitue la physionomie d'un tableau, et, comme le front dans le corps humain, ne peut être parfaite sans témoigner de la beauté et de la grandeur. Jamais je ne me risquerai à attribuer aux oeuvres de Hogarth d'autre place que la toute première".

Si l'on a mis le nom de Rossetti à côté de celui de Giorgione, ce n'est pas seulement à cause de la magie de son coloris, mais encore à cause de son culte pour la beauté et du ton si touchant de sa nature. Mais précisément comme coloriste il n'est que le Giorgione de l'Angleterre. Dans ses créations picturales, il ne connaît pas l'ardeur un peu voilée de la Pourpre; c'est le vert et le bleu qui donnent l'empreinte à la physionomie. Sa „Fiancée de Salomon", d'une grâce admirable, sa belle „Veronica Veronese" portent des vêtements d'un vert éclatant, et dans toute l'histoire de l'Art nous ne connaissons pas de bleu-bleuet comparable à celui de la robe de Mrs. Morris, dans le célèbre portrait de la Tate Gallery.

Un jour que je réfléchissais à mes préférences en matière de couleurs, nous raconte Rossetti, j'ai établi l'ordre suivant: 1-le vert pur, clair et chaud; 2-l'or foncé; 3-certains tons gris; 4-le bleu-ombre ou acier; 5-le brun avec des clairs pourpre; 6-l'écarlate. Les autres couleurs ne sont admissibles qu'en raison de leurs rapports avec

50

d'autres nuances". Il est étrange de constater que des artistes tout à fait modernes, et d'une tendance tout opposée, comme Cézanne et Laermans, attribuent de même le premier rang sur leur palette au vert et au bleu.

Si le père de Rossetti n'avait pas été exilé pour ses chants d'indépendance, s'il avait pu continuer à présider à la conservation des collections des Antiques de Naples, si son fils Dante-Gabriel avait pu grandir sous l'azur du ciel de l'Italie méridionale au lieu des brouillards de Londres, son âme aurait pu se développer avec plus de liberté. Mais ainsi tout se trouva bouleversé et comme refroidi en lui. Le vert et le bleu eurent le pas sur l'écarlate; la Vénus fut spiritualisée, sentimentalisée, et ce qui devait être plaisir de sens devint Mystère. L'Anglo-Italien forme un singulier mélange que l'art à la fois ardent et retenu de Rossetti nous met à même de goûter. Il est plus italien dans sa poésie, plus anglais dans sa peinture. Et sous l'influence de la vie érotique de Rossetti, sa nature anglaise reçut une empreinte maladive. L'objet de sa passion, l'incarnation de ses rêves de beauté, Elisabeth Sidall, sa Béatrice, sa Béata, était poitrinaire.

Sur l'idéal féminin du peintre elle jeta un trait caractéristique de l'au delà et empêcha à tout jamais cette âme d'artiste de respirer joyeusement en liberté. Bien plus, la force qui se dégage de son essence continue à se faire sentir d'une façon absolument démoniaque sur l'ensemble de l'art anglais, car encore de nos jours on retrouve ses traces dans les oeuvres non seulement des néo-préraphaélites, mais encore dans les productions de toutes les écoles. Aujourd'hui encore, on ne rencontre que trop souvent les manifestations de l'esprit de mélancolie, de langueur et de mécontentement qui s'est glissé jusque dans les plus belles productions de l'art du portrait. La plus charmante des Ladies ne sait plus rire comme la Duchesse de Devonshire de Reynolds; tout au plus peut-elle encore sourire, presque toujours lasse et résignée; le pessimisme continue à régner, héritage de Rossetti.

Cet héritage s'est encore développé; l'administration de Burne Jones lui a donné plus d'influence, plus d'efficacité. Tout d'abord cet artiste peignit tout à fait dans le genre de Rossetti; puis il arriva à son propre type, au type ultra-élancé, presque maladif qui, présenté d'abord à l'art

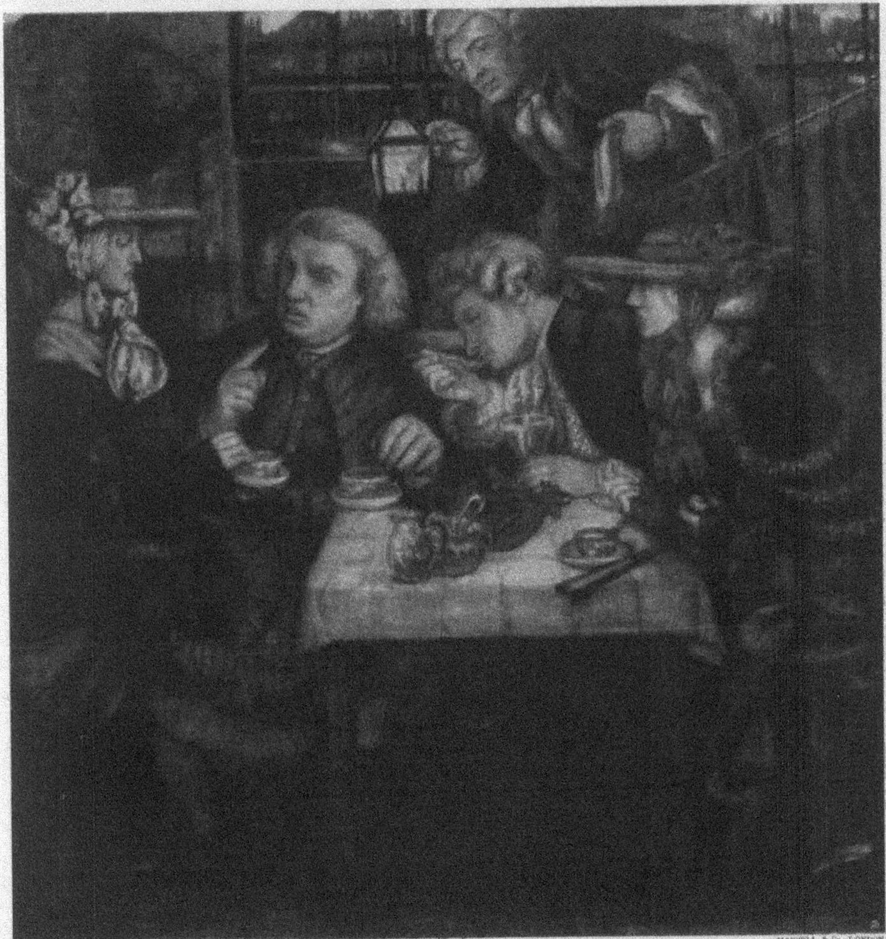

LE DR. JOHNSON À L'AUBERGE DE LA MITRE   DR. JOHNSON IM GASTHAUS ZUR «BISCHOFSMÜTZE»   DR. JOHNSON AT THE MITRE

BY PERMISSION OF MELLYER, LONDON

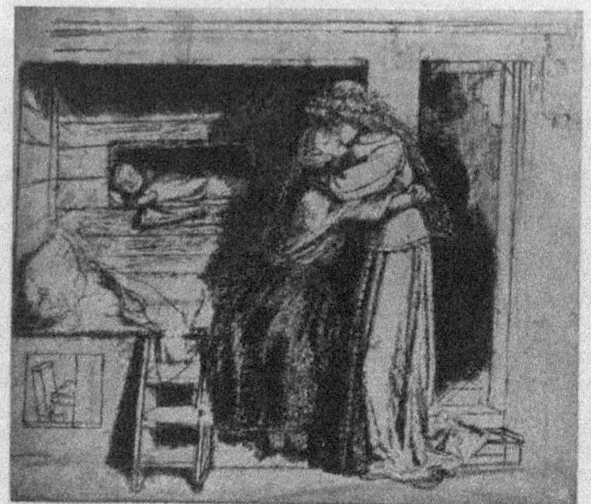

LA BALLADE DE LA BELLE ANNE THE BALLADE VON ST. ANNA THE BALLAD OF FAIR ANNIE

MANSELL & Co., LONDON

BY PERMISSION OF HOLLYER, LONDON

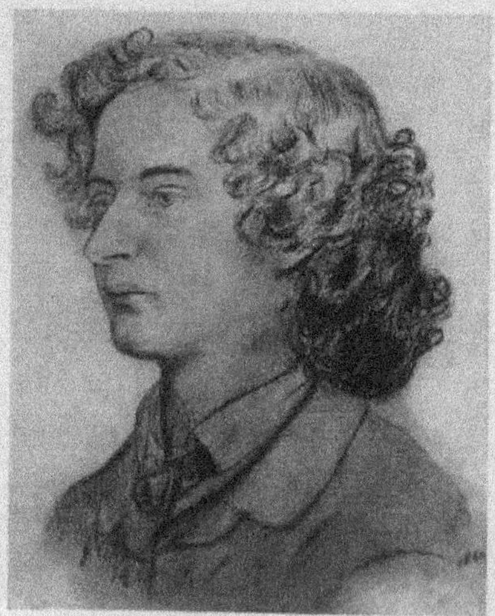

ALGERNON CHARLES SWINBURNE

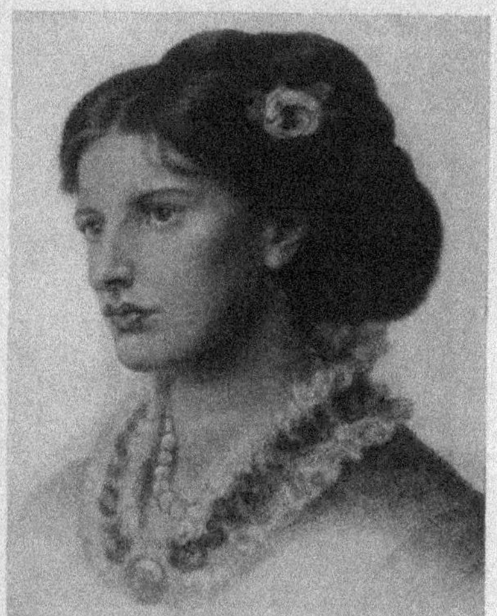

MANSELL & Co., LONDON

LUCY ROSSETTI

BY PERMISSION OF HOLLYER, LONDON

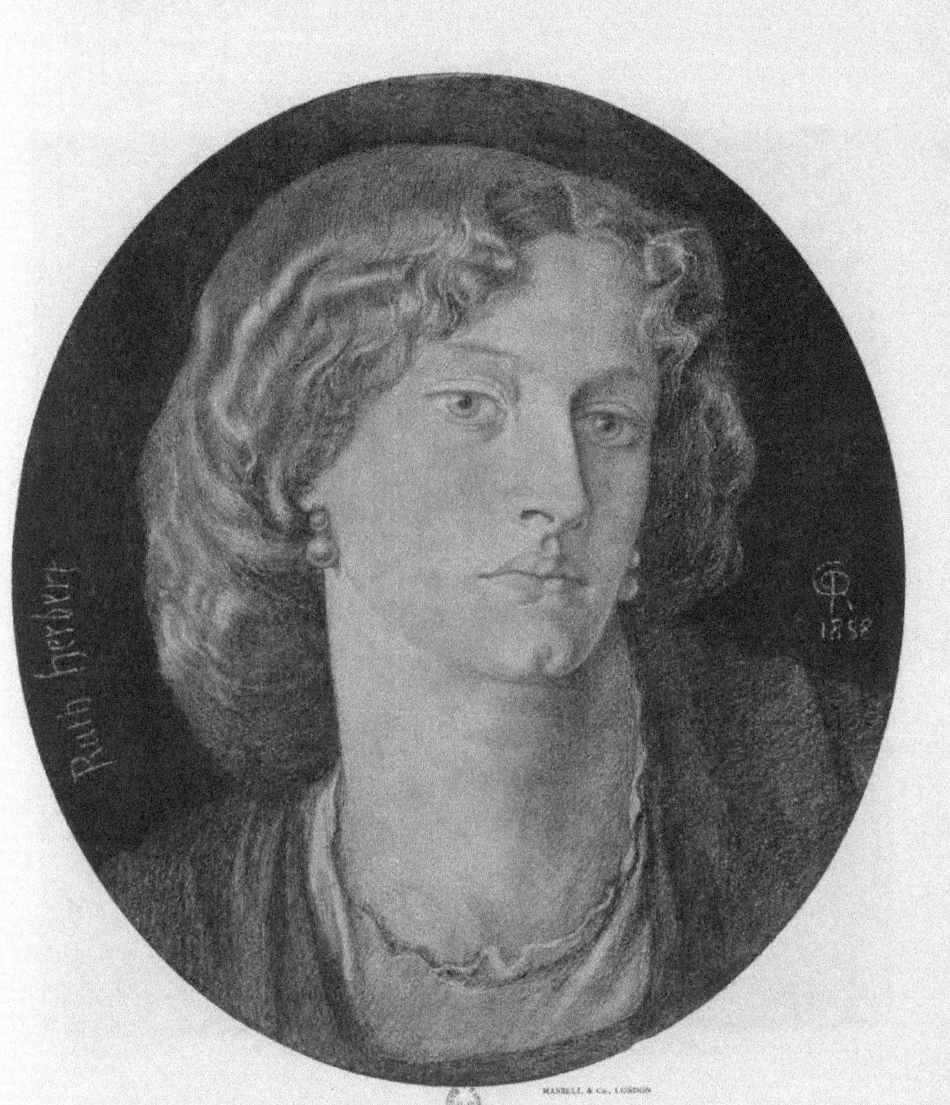

MANSELL & Co., LONDON

MISS RUTH HERBERT
BY PERMISSION OF HOLLYER, LONDON

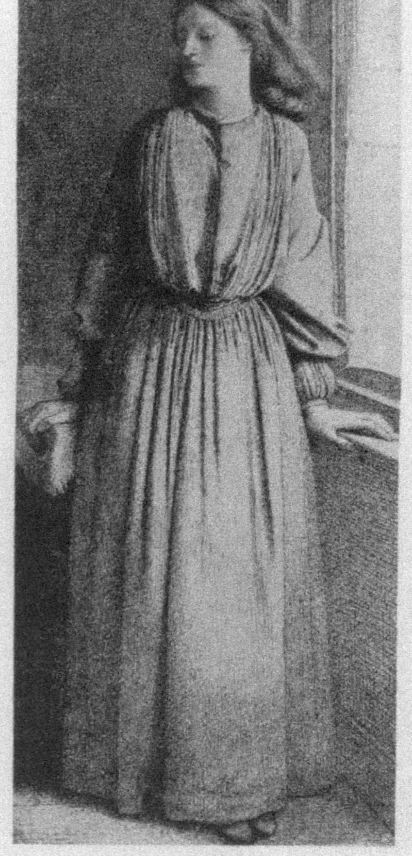

MRS. DANTE ROSSETTI

BY PERMISSION OF HOLLYER, LONDON

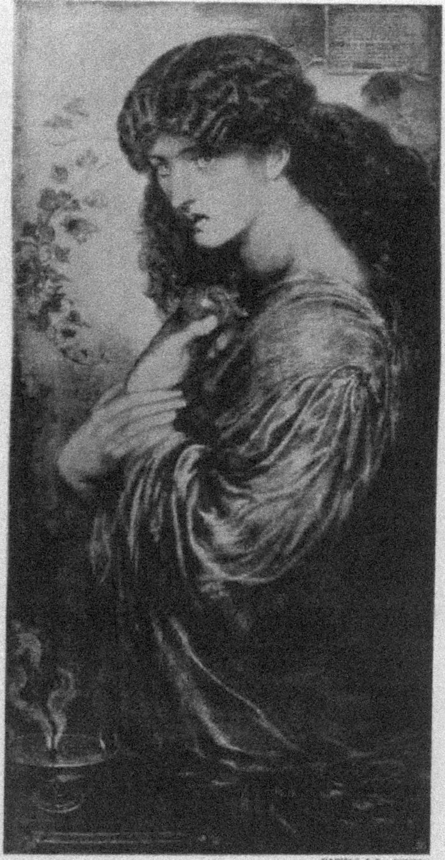

PROSERPINA

MANSELL & Co., LONDON

insulaire en des répétitions sans fin, finit par être entièrement assimilé par lui. Ses effets néfastes se firent sentir sans interruption jusqu'à ce que le Merry Old England eût disparu pour faire place au mélancolique New England. Nous comprenons très bien Holman Hunt quand il se défend énergiquement contre tout rapprochement avec une pareille tendance. C'est à bon droit qu'il peut, après l'exposition historique de ce développement, proclamer son non mea culpa. Sans doute, c'est son pinceau qui a introduit le Christ dans l'Art anglais comme „Lumière du Monde", et son Sauveur couvert de bijoux a été stigmatisé par Carlyle de „misérable représentation défigurée de l'être le plus noble, le plus fraternel, le plus héroique", mais Hunt tendait de toute la puissance de son âme à la fixation d'un élément véridique dans la peinture religieuse. Il ne se serait jamais contenté de la manière de Führich ou de Cornélius, et pour lui, ni Gebhardt ni Uhde n'approchaient assez de la vérité. Il se rendit en personne à la source, en Terre Sainte, et avec la vision d'un vrai artiste il peignit chaque rocher, chaque arbre, chaque objet d'intérieur, chaque créature strictement conforme à la vérité. „J'ai basé ma prétention au titre de pionnier de l'Art anglais sur l'étude de la vérité historique, écrit-il avec orgueil." Quand ce fanatique de la vérité retourna ensuite dans sa patrie, le mal était accompli; le romantisme de ses confrères avait exercé ses séductions, et la plupart des adhérents du réalisme avaient rendu les armes. Aussi peut-il assurer avec raison: „Millais et moi, nous considérions le Gothicisme contemporain comme une couche mortelle de mildew sur la belle floraison du goût public". Et encore: „Rossetti fit une singulière mixture de Moyen-Age et de Pré-raphaélisme".

A ses débuts, quand il commença à peindre, l'esprit juvénile de Rossetti avait puisé sa nourriture dans Hamlet, Faust, Scott, Poé, Hoffmann, le Dante, les vieilles Ballades et les toiles de la National Gallery de Londres. Devant une composition religieuse de Benjamin West que le jeune garçon avait grandement admirée, sa mère prononça froidement ces mots: Banal et insignifiant, qui le touchèrent au plus profond de l'âme et devaient lui indiquer la voie à suivre. Dès son jeune âge, il sentit d'une façon exclusive, et en esthétique, il s'efforça tout de suite de sortir de la banalité. „Banal et insignifiant" voilà un jugement qui ne pourra jamais s'appliquer à sa peinture. Quand en 1849 les P. R. B., les membres de la Confrérie des Pré-Raphaélites, choisirent un incident marquant des poèmes de Keats comme sujet d'un premier concours, Rossetti le trouva trop profane. L'ardeur du sang italien le poussait vers la sphère de pureté chrétienne: seules, les Madones pouvaient satisfaire son besoin d'extase. Et c'est ainsi qu'il peignit tout d'abord en artiste purement gothique. Ses personnages se dressaient en lignes droites, rangés parallèlement l'un à côté de l'autre; leurs mouvements avaient quelquechose d'anguleux, d'étrangement étriqué, mais ils débordaient de sentiment. Ce qui les distinguait surtout, c'était la grande richesse des sentiments de l'âme. Les lèvres restaient closes, mais les yeux et les doigts parlaient, comme les statues des cathédrales de Chartres et de Strasbourg. Toujours reparaissait Marie, la toute jeune fille, Marie, la Vierge, et cela toujours à l'instant précis où l'Annonciation de l'Ange produisait le frisson du Pressentiment. C'est avec cette tendance pour le Transcendant que Rossetti se fit connaître. Son coloris d'abord accuse une préférence marquée pour le blanc; ce n'est que timidement que se produisirent le bleu et l'or. Sa couleur nous présente quelquechose de fantastique, où les sens ne jouent aucun rôle. Comme modèles, il a les belles têtes classiques de sa mère et de sa soeur Christine, poète elle-même. Pour lui, la vénération est tout: vénération de la présence divine; vénération du Mystère approchant de l'Immaculée Conception. Pendant cette période, le Sauveur lui-même se révéla au peintre; les traits de son ami Burne Jones se transformèrent en tête de Christ, une des plus expressives que l'art plastique ait jamais créée. C'est avec un tel spiritualisme que l'éternelle nature humaine entra en lutte. A côté des chastes personnages de la sphère du Christ se placèrent les amoureux passionnés des poésies du Dante et des légendes du Roi Arthur. La passion du temps des Cours d'Amour, ennemie du grand jour, perça dans toutes sortes de duos intimes entre le Dante et Béatrice, entre Paolo et Francesca, entre la Reine Guinevere et Lancelot, entre Iseulte et Tristan.

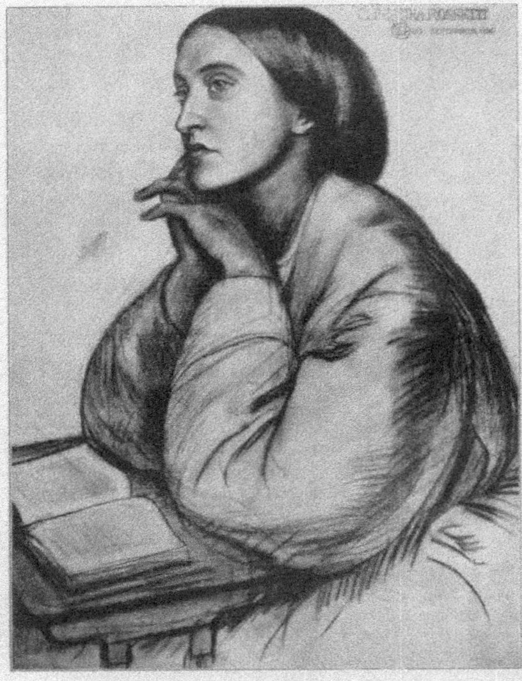

MISS CHRISTINA ROSSETTI

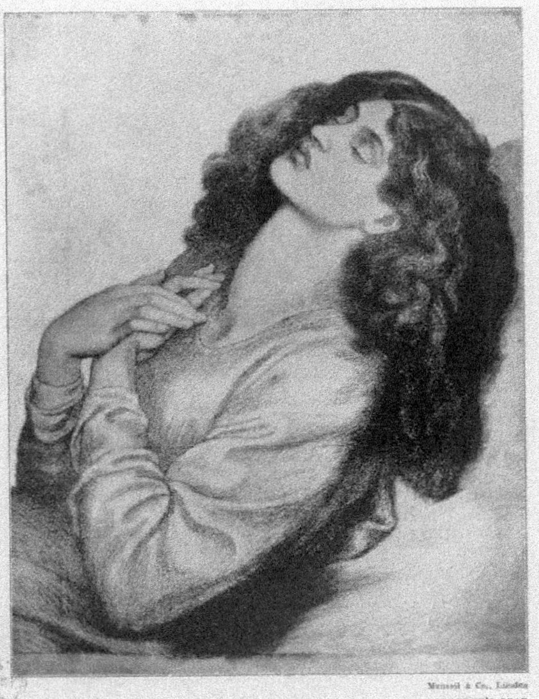

LA MORT DE BÉATRICE   DER TOD BEATRICES   BEATRICE'S DEAD

Mansell & Co., London

By Permission of F. Hollyer, London

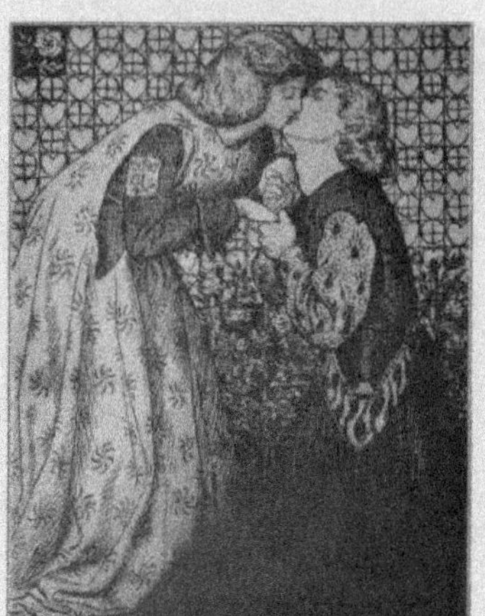
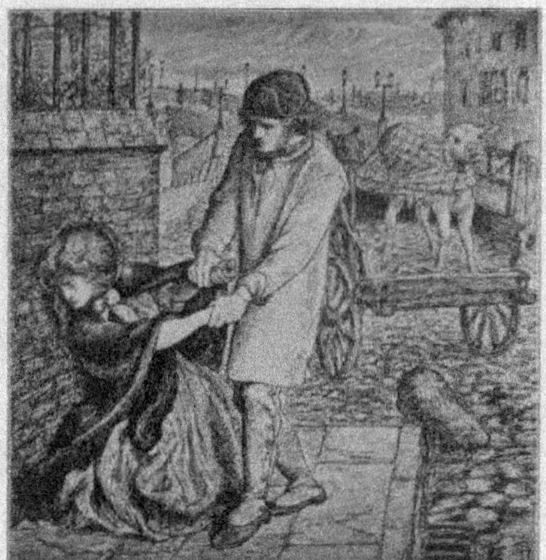

RETROUVÉ — WIEDERGEFUNDEN — FOUND

DESSIN POUR UN VOLUME D'ANCIENNES POÉSIES ITALIENNES
UMSCHLAGSZEICHNUNG ZU EINEM BAND ITALIEN. GEDICHTE
DESIGN FOR THE EARLY ITALIAN POETS * * * * * * * * * * *

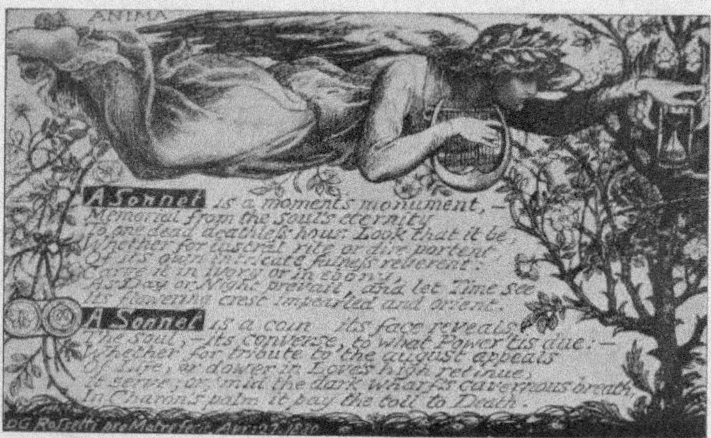

LE SONNET — DAS SONETT — THE SONNETT

Mansell & Co., London

By Permission of F. Hollyer, London

Dans ses portraits Rossetti préférait la représentation du buste, quelquefois aussi, il s'empara de l'invention de la Renaissance en exécutant le portrait jusqu'aux genoux. Tout en s'attachant de toutes ses forces à la fidèle reproduction de ses modèles, il ne put toujours échapper aux inspirations de sa vision de poète: Il ne peint pas la femme telle qu'elle est, nous dit sa soeur-poète, mais telle que la perçoit son rêve. „Ses oeuvres principales de cette époque sont la Beata Beatrix et l'Aimée. Quiconque a vu sa Beata peut dire qu'il a vu le Mystère face à face, et la vue de „l'Aimée" nous révèle le charme de l'amour de la femme dans toute sa suprême expression. De la „Beate jaillit comme un crescendo symphonique de tons rouges, verts et or; tout en elle est entrelacé, voilé et cependant d'une remarquable intensité. Nous sommes secoués comme par des visions de l'Au-delà. La Beata, la femme décédée de Rossetti, contemple cet au-delà sous ses paupières baissées et son émotion crée en nous une véritable suggestion. Cette toile est aussi pour notre peintre le triomphe de l'extrême sensualité, pendant sa période renaissance. Dans la Fiancée de Salomon, „l'Aimée", les couleurs rayonnent d'une clarté vénitienne. Le vert, l'or, l'écarlate se détachent clairement et nous sourient comme le visage printanier de la jeune femme qui soulève son voile pour l'époux de son choix. Rien ici ne nous rappelle le culte des sens d'un Titien ou d'un Palma, et cependant tout y est bien terrestre. Chacun de ses portraits de femme de cette période se rapprochait de l'un ou de l'autre de ces modèles-types. Mrs. Morris, dans ses nombreuses variantes, et Jeanne d'Arc voisinent avec la Beata: Rosamonde, Herzelieb Lilith sont apparentées avec la fiancée de Salomon.

Et l'art de Rossetti est resté fidèle à la femme; encore pendant les dix dernières années de sa production il a enrichi le monde féminin d'étranges personnalités. Le grandiose type Renaissance se continuait. Dans sa „Proserpine", il saisit la vie en plein mouvement. La forme n'avait rien de la raideur gothique; elle répondait tout à fait à l'idéal de Hogarth d'une vibrante ligne de beauté. Mais l'inlassable curiosité du peintre-poète vivait dans le regard d'une infinie profondeur.

INDEX DES TABLEAUX